Sentieri

Antonio Moschetta

PARLIAMO DI PANCIA

Il metodo per ridurre il girovita
ed eliminare il gonfiore addominale

MONDADORI

Dello stesso autore
in edizione Mondadori

Il tuo metabolismo
L'intestino in testa
Ci vuole fegato

mondadori.it

Parliamo di pancia
di Antonio Moschetta
Collezione Sentieri

ISBN 978-88-04-80118-4

I edizione aprile 2025

Indice

Parliamo di pancia

A mio padre

Introduzione

Mode e ideali sociali hanno condizionato la nostra idea di «pancia»: gonfia e prominente, specialmente per l'uomo primitivo, era simbolo di abbondanza e fecondità. La Venere steatopigia, statuina muliebre preistorica, presentava in maniera estremamente realistica e pronunciata ventre, cosce e organi sessuali, mentre il resto del corpo e persino il volto risultavano appena tratteggiati. Dunque, dalla notte dei tempi, il benessere, specchio di condizioni economiche e sociali elevate, è stato misurato attraverso i segni fisici legati alla possibilità di mangiare in abbondanza e stare a riposo, per apparire predisposti alla fertilità e quindi al perpetuarsi della specie. Non va trascurata nemmeno la simbologia erotica connessa alla pancia rotonda e prominente, perché, in fondo, Venere è la dea dell'amore e per molte culture del passato corpi femminili morbidi nelle forme hanno rappresentato un particolare estetico non di poco conto nel campo dell'attrazione sessuale.

Sono passati secoli e millenni da allora, ma ancora fino a qualche decennio fa, specialmente negli anni seguiti alla Seconda guerra mondiale, il benessere è stato, per dir così, misurato dal girovita: chi non ha mai notato, osservando le foto che ritraggono genitori o nonni, che le loro pance erano a dir poco floride e pasciute e i volti sorridenti, mentre la nonna si accingeva a condire enormi piatti di pasta? Tempi straordinari sono stati quelli, ma erano anche anni in cui l'obesità non era considerata una patologia e le malattie legate all'abuso di cibo, specie quello di cattiva qualità, non erano conosciute in tutta la loro pericolosità. Fortunatamente oggi c'è una maggiore consapevolezza dei rischi legati a una errata alimentazione e la pancia, anche nei bambini, al contrario non è più considerata un simbolo di benessere, non solo perché non rientra nei nuovi canoni estetici, ma perché può nascondere la predisposizione a patologie, quando non già la loro presenza.

In questo saggio proviamo quindi a «parlare di pancia», riferendoci sia all'argomento trattato sia al noto modo di dire, nella misura in cui istintivamente vogliamo indurre

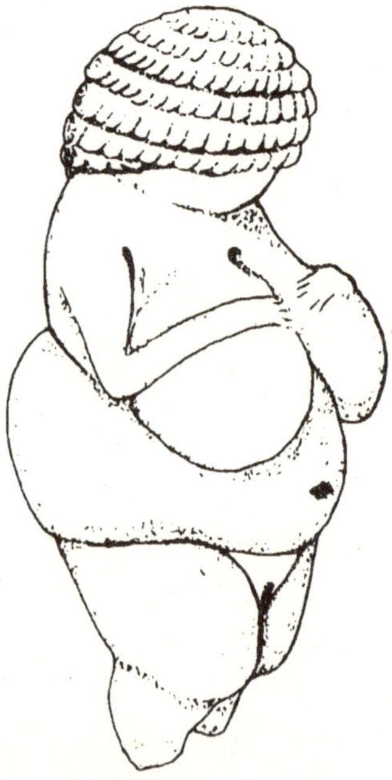

Rappresentazione di Venere steatopigia,
la Venere di Willendorf.

a riflettere chi ancora non ha raggiunto la consapevolezza che certi segnali, come la presenza di gonfiore o gas addominale, possono nascondere seri problemi di salute che non vanno trascurati. A sua volta, dunque, «la pancia ci parla», cioè comunica il disagio, quando non la sofferenza, che quella parte del nostro corpo sta provando, a causa di infiammazioni, irritabilità o irritazioni, intolleranza a specifici alimenti. E allora tenteremo anche di «parlare alla pancia», per così dire, per offrire soluzioni finalizzate al benessere del nostro corpo, educando il paziente (nonché lettore!) a interpretare i segnali che principalmente l'intestino ci invia per saper discernere se a causare il gonfiore sia il grasso addominale o l'accumulo di gas, comprendere se è in corso un'infiammazione e come mettere in campo strategie efficaci per eliminare o almeno ridurre dolore e disagio, grazie anche al cibo che meglio si confà al nostro stato di salute, e senza trascurare l'eventuale ricorso a farmaci indicati e l'importanza dell'attività fisica.

I

Pancia gonfia: gas o grasso?

Guardando verso il basso noti una pancia sporgente che preferiresti non vedere: si tratta di gonfiore o di grasso? È il tuo corpo che sta reagendo a qualcosa che hai mangiato, oppure hai accumulato qualche chilo in più nella zona addominale? La risposta non è sempre ovvia. Dopotutto, l'effetto finale è lo stesso: il tuo girovita è aumentato.

Chi non ha mai sperimentato quella sgradevole sensazione di pancia gonfia, un disagio che può insorgere improvvisamente dopo un pasto abbondante o, al contrario, manifestarsi a stomaco vuoto? Spesso liquidato come semplice conseguenza di una scorretta alimentazione generata da una routine stressante o accettato senza troppe domande, il gonfiore addominale può nascondere una vasta gamma di cause. Per alcuni è un problema occasionale, per altri diventa una preoccupazione quotidiana, con sintomi che spaziano dal bruciore ai crampi addominali, dalle alterazioni dell'alvo intestinale alla sudorazione notturna. Accantonare tutto ciò e imparare a conviverci è troppo spesso la soluzione preferita dai più, che ignorano o sottostimano le reali implicazioni che può avere.

Capire se il problema è legato al gonfiore o al grasso, trattandosi di due condizioni che, pur potendo coesistere, richiedono approcci diagnostici e terapeutici completamente diversi, ti aiuterà a decidere quali passi fare per sentirti meglio e raggiungere una versione più sana e felice di te.

Per orientarci al meglio, esploreremo insieme sintomi, segni obiettivi (una qualsiasi manifestazione di malattia accertabile obiettivamente dal medico in fase di analisi) e metodi diagnostici in grado di guidare il percorso clinico che porta alla scoperta delle cause alla base di questi disturbi. Un paziente che si pone all'attenzione del medico per questo tipo di problematiche richiede, infatti, un attento studio che comincia inevitabilmente dalla storia clinica, patologica e non. Nella valutazione completa del benessere intestinale è imprescindibile raccogliere dati relativi alle abitudini alimentari, in termini sia di quantità e qualità, sia di orari di assunzione.

È comprensibile che il paziente faccia fatica a descrivere con esattezza i propri problemi, poiché i sintomi possono essere difficili da esprimere chiaramente. Ci viene incontro in questi casi la mai obsoleta semeiotica (disciplina medica che ha per oggetto lo studio dei segni che orientano verso la diagnosi), grazie alla quale è possibile valutare la presenza di aria o fluidi nell'addome, oppure di masse palpabili, identificare macroscopicamente la distribuzione del grasso corporeo, ma soprattutto localizzare e caratterizzare il dolore.

Osservare e studiare l'addome ci permette di ricavare tantissime informazioni preliminari in merito alla salute degli organi e allo stato metabolico del paziente. La semplice forma dell'addome ci permette di indirizzare le nostre indagini successive. Una pancia voluminosa, tesa, che durante le manovre di percussione emette un suono chiaro, ipertimpanico, induce a sospettare la presenza di grosse quantità di gas intestinali. Un addome che invece si mostra relativamente piano nella porzione superiore e più voluminoso nella porzione inferiore ci fa pensare a un soggetto che con maggiore probabilità sarà caratterizzato da una disfunzione del tessuto grasso. Da anni i progressi in ambito cardiometabolico ci hanno permesso di effettuare una macroscopica distinzione tra grasso sottocutaneo e grasso viscerale.

Il primo svolge essenzialmente il ruolo di riserva energetica per il corpo e partecipa in massima parte al processo di termogenesi utile soprattutto nei mesi invernali, un po' come succede per gli animali con il letargo. Quando il fabbisogno calorico supera le richieste energetiche dell'organismo, il grasso si espande e si distribuisce in altre sedi.

Hai mai sentito parlare invece di grasso viscerale? Si tratta di un «abitante invisibile» del nostro corpo, situato tra gli organi interni, come il fegato e il pancreas. Questo tipo di grasso è più metabolicamente attivo rispetto al grasso che vediamo sotto la pelle, e quando è in eccesso può creare un vero e proprio caos nel nostro organismo. Non è solo una questione estetica: il grasso viscerale produce sostanze chimiche, le adipochine, che possono infiammare il corpo e alterare l'equilibrio degli zuccheri nel sangue, aumentando il rischio di patologie come il diabete, le malattie cardiovascolari e persino alcuni tipi di tumore. Insomma, è un problema che va affrontato prima che si faccia sentire con conseguenze più gravi.

Fatte queste premesse, capiamo ancor di più quanto sia indispensabile caratterizzare il grasso corporeo, ovvero chiedersi: quanta massa grassa è presente nel corpo? La valutazione delle pliche cutanee rappresenta una prima, semplice risposta. Si tratta di misurare lo spessore del tessuto adiposo sotto la pelle in punti specifici, come il tricipite o l'addome, utilizzando uno strumento chiamato plicometro.

Molto più rapido e pratico è il ricorso all'indice di massa corporea (*Body Mass Index*, BMI): con un facile calcolo basato su altezza e peso, possiamo classificare il grado di obesità di un paziente. Resta tuttavia un metodo impreciso per valutare la distribuzione del grasso corporeo e in particolare per quantificare la quota di grasso più impattante sulla salute, quella viscerale: Gigi D'Alessio e Cristiano Ronaldo, dati alla mano, hanno all'incirca lo stesso BMI (circa 26 kg/m2), con una composizione corporea evidentemente diversa. Per fortuna ci viene in aiuto uno strumento ancor più semplice, presente in tutte le nostre case ed estremamente maneggevole: il metro da sarto. Misurando il girovita otteniamo una stima valida per la valutazione della quantità di tessuto adiposo viscerale.

Le indagini però non devono terminare qui: è indispensabile approfondire l'insorgenza e la durata dei sintomi, elementi chiave per comprendere appieno la natura del problema. Quando infatti il volume addominale cambia improvvisamente ma in maniera transitoria, fino a provocare un dolore localizzato, è probabile che si tratti di gonfiore. Al contrario, il grasso che determina un aumento di volume dell'addome avrà una disposizione omogenea, in sedi caratteristiche e con una certa specificità di genere, mentre raramente provocherà dolenzia. Nelle donne in particolare si caratterizza lungo i fianchi e a livello dei glutei, costituendo il fisico a distribuzione ginoide (detto anche «a pera»), al contrario dell'uomo che dimostra maggiore tendenza all'accumulo a livello centrale e nel basso ventre, con un fisico androide (detto «a mela»).

La valutazione delle feci può essere un alleato insospettabile per capire se il gonfiore addominale è causato da gas o da grasso. La scala di Bristol, per esempio, è un'ottima metodologia che classifica le feci in base alla loro forma e consistenza, aiutandoci a interpretare la salute dell'intestino. Se si notano feci più molli o frammentate (tipi 5-7 sulla scala), potrebbero indicare problemi digestivi come malassorbimento o fermentazione intestinale, spesso associati alla formazione di gas e gonfiore. Al contrario, feci più compatte e regolari (tipi 3-4) suggeriscono una digestione efficace e riducono la probabilità che il gonfiore sia causato da problemi intestinali. Un aspetto da considerare è la presenza di steatorrea, ovvero di feci grasse e lucide, che si presentano quando l'organismo non riesce ad assorbire correttamente i lipidi dalla dieta. La steatorrea è più di frequente associata a condizioni di malassorbimento intestinale o insufficienza pancreatica, entrambe legate alla formazione di gas e gonfiore addominale. Questo segno clinico è meno correlato al grasso addominale, ma più a fattori metabolici e ormonali. Osservare con attenzione ciò che il corpo ci comunica può fare la differenza!

Per capire se si tratta di un problema di gas o di grasso, fondamentale è anche la valutazione del fegato. Crocevia di ogni processo metabolico, il fegato è un organo in cui il corpo accumula nutrienti in eccesso, prevenendo periodi di carenza. Tra questi i lipidi non sono sicuramente un'eccezione, anzi, il grasso è il tessuto che più di tutti lascia la prima delle stigmate osservabili in un organo patologico. Anche in questo caso, la cara vecchia semeiotica può tornarci utile nella valutazione di un fegato marcatamente aumentato di volume fino a risultare palpabile durante una visita.

Il progresso tecnologico consente al medico di avvalersi di un secondo paio di occhi, grazie al quale può vedere i tessuti meglio di quanto una mano poggiata sulla pancia possa fare. L'ecografia rappresenta l'arma col miglior rapporto costo-beneficio, in grado di sciogliere i dubbi derivanti da quadri che possono confondere o, più semplicemente, di attribuire dei valori numerici precisi alla valutazione clinica. Una volta posizionata la sonda ecografica sull'addome è possibile vedere il gas presente nella pancia o valutare a uno a uno tutti gli organi addominali se il sospetto è quello di un quadro più complesso di dismetabolismo.

Quando il grasso in eccesso viene accumulato anche nel fegato, tale condizione viene definita «fegato grasso» o «steatosi». La steatosi epatica rappresenta un campanello d'allarme comune per varie malattie; quando questa si presenta in soggetti obesi con fattori di rischio cardiometabolico come diabete, ipertensione arteriosa o alterato metabolismo dei lipidi, parliamo di MASLD (steatosi epatica associata a disfunzione metabolica). Dietro questa sigla si nasconde una malattia che interessa milioni di persone nel mondo, spesso in maniera silente, e che se non viene riconosciuta e trattata in tempo può evolvere verso forme ben più gravi e non più reversibili, come la cirrosi. Ma cosa succede quando una persona magra, con valori di BMI e girovita nella norma, sviluppa la stessa condizione? Questo è il mondo della Lean MASLD (MASLD «magra»), una variante intrigante e meno conosciuta, ma meritevole di attenzione. A differenza della MASLD classica, non è associata a obesità evidente, ma i suoi effetti sul fegato e sulla salute generale sono altrettanto significativi.

Il rapporto tra dismetabolismo e flora intestinale è una connessione intricata e bidirezionale. Da un lato, gli squilibri metabolici possono alterare la composizione e la funzionalità del microbiota, compromettendo processi vitali come la gestione energetica e il controllo dell'infiammazione; dall'altro, una flora intestinale disfunzionale può amplificare le alterazioni metaboliche, creando un circolo vizioso che interessa non solo l'intestino, ma l'intero organismo. Esplorare e comprendere questa relazione è fondamentale per l'individuazione di soluzioni mirate.

Facciamo un passo indietro per chiarire di cosa stiamo parlando. Il microbiota è un ecosistema composto da miliardi di batteri che vivono in simbiosi con noi nel nostro intestino, principalmente nel colon. Immagina il tuo intestino come un giardino straordinariamente complesso, abitato da trilioni di microrganismi: batteri, funghi, virus e protozoi. È un ecosistema unico per ogni persona, come un'impronta digitale, e mantenerlo in equilibrio è fondamentale per il nostro benessere. Due dei suoi compiti principali sono la digestione di alimenti complessi, come le fibre, e la produzione di sostanze bioattive. Tra queste, gli acidi grassi a catena corta (*Short Chain Fatty Acids*, SCFAs) hanno un ruolo cruciale nel modulare il metabolismo dei grassi e del glucosio, influenzando la sensibilità insulinica e quindi la nostra resistenza a obesità, diabete e patologie cardiometaboliche. Agiscono poi come una sorta di «carburante» per le cellule dell'intestino, così da promuovere il ricambio cellulare e la salute intestinale. Non ultima tra le sue funzioni, il microbiota agisce come una palestra per le nostre difese: addestra infatti il nostro sistema immunitario a distinguere ciò che è innocuo da ciò che è pericoloso, regolando i processi infiammatori.

Quando il microbiota perde il suo equilibrio e la sua diversità, in una condizione nota come «disbiosi», queste funzioni metaboliche vengono compromesse, interrompendo la cooperazione benefica tra il nostro organismo e le popolazioni batteriche. Uno degli effetti più significativi della disbiosi è il danneggiamento della barriera intestinale, una struttura costituita da cellule epiteliali strettamente unite che protegge il corpo da sostanze nocive. Tale squilibrio altera la produzione di sostanze protettive come il muco o gli acidi grassi a catena corta, consentendo a molecole pro-infiammatorie ed endotossine batteriche di attraversare la barriera e raggiungere il flusso sanguigno. Questo fenomeno dà origine a un'infiammazione sistemica nota come «sindrome dell'intestino permeabile» o *leaky gut syndrome*. Strumenti diagnostici come il test di permeabilità intestinale e il dosaggio della zonulina fecale sono fondamentali per valutare lo stato della barriera intestinale. Affrontare tempestivamente questa condizione può prevenire complicazioni più serie, come sensibilità alimentari multiple o disturbi legati a patologie infiammatorie croniche.

Non va dimenticato, però, che la *leaky gut syndrome* è solo una delle molteplici cause di gonfiore addominale e che alterazioni del microbiota intestinale spesso coesistono con numerose patologie organiche o funzionali. Tra le cause più frequenti di gonfiore troviamo i disturbi digestivi, come la sindrome dell'intestino irritabile (IBS), la malattia da reflusso gastroesofageo (MRGE) e le malattie infiammatorie croniche intestinali (IBD), quali il morbo di Crohn e la rettocolite ulcerosa. La sindrome dell'intestino irritabile, in particolare, è caratterizzata da sintomi variabili e a volte imprevedibili, come gonfiore, dolori addominali e alterazioni dell'alvo, che possono includere stipsi e diarrea. Per distinguere questa condizione da patologie organiche come il morbo di Crohn, il test della calprotectina fecale è uno strumento fondamentale: permette di misurare un marker di infiammazione intestinale utile per chiarire se si tratta di un disturbo funzionale o di qualcosa di più grave. Nel caso della MRGE, la malattia da reflusso gastroesofageo, è opportuno riferirsi al monitoraggio del pH esofageo e alla manometria: il primo misura i livelli di acidità, mentre il secondo l'efficienza e la continenza della muscolatura esofagea. Sebbene queste indagini possano sembrare complesse, rappresentano strumenti essenziali per fare chiarezza e impostare un trattamento mirato.

Un'altra causa rilevante di gonfiore addominale è costituita dalle intolleranze alimentari, spesso subdole e imprevedibili, seppur estremamente frequenti. Tra le più comuni c'è l'intolleranza al lattosio: se dopo aver consumato un cappuccino avverti gonfiore e disagio, il Breath test al lattosio può fornire risposte precise. Questo test rileva i gas prodotti dalla fermentazione del lattosio non digerito, garantendo una diagnosi chiara. Nel sospetto di celiachia, i test sierologici per gli anticorpi anti-transglutaminasi, accompagnati nei casi complessi da una biopsia intestinale, possono essere risolutivi. Una diagnosi accurata è cruciale non solo per distinguere le intolleranze da altre patologie più serie, ma anche per evitare restrizioni alimentari inutili che potrebbero peggiorare la qualità della vita senza risolvere il problema.

Perseverare nell'assunzione di alimenti ai quali siamo intolleranti contribuisce alla proliferazione di poche sottopopolazioni batteriche, facendo decadere l'equilibrio esistente e rendendole potenzialmente patologiche. Scoprire, per esempio, un'eccessiva proliferazione di un battere nell'intestino tenue (*Small Intestinal Bacterial Overgrowth*, SIBO) consente di intervenire con trattamenti mirati, come antibiotici specifici o modifiche della dieta, per ripristinare l'equilibrio intestinale. Il Breath test al lattulosio è utile non solo per individuare la SIBO, ma anche per conoscere il tempo di transito del cibo nell'intestino. A differenza di altri zuccheri, il lattulosio non viene metabolizzato dagli enzimi del nostro apparato digerente, motivo per cui attraversa lo stomaco e l'intestino tenue praticamente intatto, fino a raggiungere l'intestino crasso. Qui viene fermentato dai batteri intestinali, producendo gas idrogeno e metano. Questi gas, assorbiti nel sangue, vengono trasportati ai polmoni e poi eliminati con l'espirazione. Durante il test viene più volte misurata la concentrazione di idrogeno e metano nell'aria espirata, che viene poi analizzata per identificare eventuali anomalie. Un aumento precoce dei livelli di gas nell'aria espirata indica la presenza di batteri nell'intestino tenue, dove normalmente non dovrebbero proliferare in grandi quantità, come invece avviene a causa della SIBO. Un aumento tardivo dei gas riflette il momento in cui il lattulosio raggiunge il colon, fornendo invece informazioni sulla motilità intestinale. In maniera analoga funziona il Breath test al glucosio, altro metodo efficace per valutare se la flora batterica intestinale è in squilibrio nel contesto di una SIBO.

È utile ricordare come l'analisi colturale delle feci possa offrire un quadro preciso del microbiota, rivelando eventuali alterazioni nella sua composizione, e in particolare la sovracrescita potenzialmente patologica di una determinata popolazione.

Non bisogna dimenticare, inoltre, l'impatto delle fluttuazioni ormonali. Durante il ciclo mestruale o la menopausa, cambiamenti nei livelli di estrogeni e progesterone possono contribuire al gonfiore. Anche la ritenzione idrica può aggravare il problema, rendendo essenziale una gestione equilibrata degli ormoni e dei liquidi corporei. Infine, lo stress rappresenta un fattore determinante: il sistema digestivo risente inevitabilmente della pressione psicologica, rallentando o accelerando la sua attività in modo imprevedibile. Tecniche di rilassamento, meditazione e una leggera attività fisica, come lo yoga o una passeggiata, possono aiutare a ridurre l'impatto dello stress sulla digestione e, di conseguenza, sul gonfiore.

Insomma, il gonfiore non è mai solo gonfiore: è un mix di fattori, un messaggio che il nostro corpo ci invia. Ogni pancia ha la sua storia. La buona notizia è che con i giusti test e qualche piccolo cambiamento nelle tue abitudini, puoi scoprire cosa sta succedendo e rimettere tutto in equilibrio. E magari tornare a indossare quei jeans senza pensare di averli lavati a 90 gradi per errore!

II

Meteorismo e irritabilità: compagni di viaggio

Il meteorismo, quella fastidiosa sensazione di gonfiore addominale dovuta all'eccesso di gas nel tratto gastrointestinale, è un nostro compagno di vita, spesso presente dopo i pasti, specie quelli più corposi. Questo sintomo è intimamente legato a diverse condizioni morbose, dalla sindrome dell'intestino irritabile (IBS) alla celiachia, e contribuisce ad alterare non solo lo stile di vita ma anche la quotidianità dei pazienti. Però, come vedremo in questo capitolo, quella che sembra essere una strada a senso unico è, in realtà, un'intricata rete di intime connessioni, che tengono insieme l'intestino, il gonfiore, il microbiota, la dieta, le malattie infiammatorie e la nostra psiche.

Dunque, allacciamo le cinture e cominciamo il viaggio partendo dalle condizioni cliniche, di cui il gonfiore di pancia rappresenta il primo sintomo.

L'IBS è infatti un disturbo gastrointestinale cronico caratterizzato prevalentemente da gonfiore addominale, crampi, dolore e alterazioni dell'alvo, spesso con episodi alternati di diarrea e stitichezza. Il gonfiore e l'accumulo di gas derivano da alterazioni nella motilità intestinale che, insieme a un'eccessiva sensibilità addominale, contribuiscono a provocare gonfiore con distensione addominale, di frequente associata alla sensazione di evacuazione incompleta.

I fattori di rischio sono altrettanto variegati: un'età inferiore ai cinquant'anni, una storia familiare di IBS insieme a disturbi dell'umore come ansia e depressione contribuiscono di solito ad aggravarne ulteriormente il quadro, influenzando motilità e percezione del dolore. Nonostante la cronicità, molti pazienti possono controllare i sintomi attraverso modifiche nello stile di vita, gestione dello stress e adattamenti dietetici, come la riduzione di cibi fermentabili, senza bisogno di ricorrere a trattamenti farmacologici di supporto.

I confini di interazione dell'IBS rispetto ad altri distretti corporei, poi, sono molteplici: dagli squilibri della microflora intestinale sino a mutazioni dei recettori della serotonina, passando per stress psicologico e disfunzioni dell'asse intestino-cervello.

La connessione tra intestino e cervello evidenzia un effetto bidirezionale, dove disagio fisico e stress emotivo si alimentano reciprocamente. In presenza di meteorismo, l'eccesso di gas provoca distensione delle pareti intestinali, stimolando i recettori del dolore e inviando segnali di disagio al cervello. Il risultato? Un aumento della sensibilità e una predisposizione all'irritabilità. Ma c'è di più. Situazioni di stress e ansia possono alterare la motilità intestinale, rallentando o accelerando il transito del cibo e favorendo la produzione di gas. È un circolo vizioso: il disagio intestinale alimenta l'irritabilità, e quest'ultima, a sua volta, peggiora i sintomi gastrointestinali. Non ci deve sorprendere, quindi, che chi soffre di meteorismo tenda a evitare situazioni sociali per il timore dell'imbarazzo, alimentando sentimenti di frustrazione e isolamento.

La gestione di questo disturbo richiede un approccio integrato: la dieta, la regolazione del microbiota e il supporto psicologico sono tutti elementi fondamentali per un trattamento efficace e personalizzato.

Anche il microbiota, infatti, gioca un ruolo cruciale in questo delicato equilibrio. Composto da trilioni di microrganismi, è coinvolto nella regolazione di funzioni neurochimiche, immunitarie e metaboliche essenziali per il nostro benessere psicofisico.

Una delle sfide centrali della ricerca riguarda il potenziale impatto del microbiota alterato su disturbi neuropsichiatrici come ansia e depressione. Gli studi evidenziano che uno squilibrio microbico, una semplice disbiosi, può influenzare negativamente la salute mentale attraverso l'infiammazione sistemica e la ridotta produzione di neurotrasmettitori chiave come la serotonina e l'acido gamma aminobutirrico (GABA). Inoltre, in caso di disbiosi l'alterazione della barriera intestinale può facilitare il passaggio nel circolo sanguigno dei guardiani della nostra risposta infiammatoria, le citochine pro-infiammatorie, amplificando la risposta dell'organismo e con essa anche i sintomi psichici.

I pazienti ci chiedono quotidianamente: «Come faccio a far andare d'accordo testa e pancia?». Non è una domanda con una risposta semplice, ancora una volta.

Come avremo modo di approfondire in seguito, i probiotici e gli psicobiotici sono emersi come potenziali strumenti terapeutici per la modulazione dell'asse intestino-cervello. In studi sperimentali è stato dimostrato che ceppi specifici di batteri, come *Lactobacillus* e *Bifidobacterium*, possono ridurre i sintomi di ansia e depressione, favorendo un riequilibrio del microbiota e la produzione di sostanze neuroattive. Tuttavia, nonostante i risultati promettenti, la complessità delle interazioni microbiota-cervello richiede ulteriori ricerche per definire protocolli terapeutici standardizzati e personalizzati.

Inoltre, basta fare una rapida ricerca nella nostra *pop culture* per trovare diverse proposte risolutive, tra cui anche la meditazione e le tecniche di rilassamento. Verrebbe da chiedersi: qual è la migliore? Ma soprattutto, tenendo conto di un approccio al paziente sempre più personalizzato e ricordando, come visto nel capitolo precedente, che ognuno ha la sua pancia, è giusto chiedersi: qual è la soluzione migliore per me? Come approfondiremo nell'intero libro, riconoscere e affrontare il legame tra meteorismo e irritabilità è fondamentale per interrompere questo ciclo negativo. Prendersi cura del proprio intestino significa, in ultima analisi, prendersi cura del proprio benessere emotivo, promuovendo una qualità di vita migliore e più serena.

Immaginiamo una giornata tipica: un pranzo veloce, magari consumato in piedi, seguito da ore di lavoro sedentario. Poco dopo, ecco comparire quella spiacevole sensazione di pancia gonfia, accompagnata da crampi e tensione addominale. Non è solo il corpo a risentirne; la mente inizia a mostrare segni di impazienza, nervosismo e una crescente irritabilità. Questo fenomeno non è casuale e districarsi tra le potenziali cause non è affatto semplice. Ma come orientarci? E soprattutto, come possiamo studiare le differenze tra i singoli individui cercando di mantenere bene in vista il *fil rouge* che lega l'un l'altra le esperienze di ognuno di noi, anche in tema di alimentazione?

Rispondere a queste domande richiederebbe ben più di un libro, e probabilmente le risposte avrebbero bisogno di un aggiornamento costante, come nelle migliori storie. La scienza, negli anni, si è interrogata su quali potessero essere i principali fattori da analizzare nella relazione tra consumo degli alimenti e cervello, puntando sulla serotonina e sulle sue modificazioni, sulle mutazioni del DNA e, perché no, anche sui disturbi del tono dell'umore.

Proprio la serotonina rappresenta un punto di discussione degno di approfondimento. Prodotta al 95% a livello intestinale dai microbi a partire dal triptofano (un aminoacido presente in molte proteine di origine animale e vegetale), è uno dei neurotrasmettitori coinvolti nella regolazione sia dell'umore sia della motilità intestinale, esercitando un'influenza diretta sulla percezione del dolore viscerale e sulla sensibilità intestinale. Influisce, inoltre, sulle funzioni cerebrali, sul cuore, sul controllo della vescica e sull'aggregazione piastrinica. I trattamenti a base di serotonina in psichiatria e neurologia regolano il sonno, l'umore e il comportamento. Mutazioni genetiche che coinvolgono i recettori serotoninergici, come il 5-HT3 e il 5-HT4, sono state associate a una maggiore ipersensibilità viscerale e a una motilità alterata, fattori che possono facilitare la distensione addominale e la percezione del gonfiore. L'alterazione della trasmissione serotoninergica, peraltro, non solo influisce sul tono dell'umore, ma contribuisce al circolo vizioso in cui lo stress emotivo amplifica la sintomatologia intestinale, con il meteorismo che diviene sia un sintomo sia un fattore aggravante del disagio psicologico.

La componente genetica, sebbene non completamente chiarita, sembra influenzare la suscettibilità individuale al meteorismo e ai disturbi funzionali correlati. Polimorfismi nei geni che regolano la serotonina e la motilità intestinale potrebbero predisporre alcuni individui a una maggiore sensibilità viscerale e a un'attività contrattile disfunzionale dell'intestino. Tuttavia, dobbiamo sempre ricordarci che il DNA non agisce in maniera isolata, ma interagisce con l'ambiente e con lo stile di vita dell'individuo, rendendo la sintomatologia variabile e complessa.

Un altro aspetto interessante riguarda la stagionalità, spesso sottovalutata, che sembra poter giocare un ruolo nel condizionare non solo l'umore, ma anche la funzionalità intestinale. Le fluttuazioni stagionali della serotonina, influenzate da una maggiore o minore esposizione alla luce solare, possono contribuire a variazioni nella percezione del gonfiore e nella regolazione della motilità intestinale. Durante i mesi invernali, la ridotta sintesi di serotonina dovuta alla scarsa esposizione alla luce può aggravare sia l'irritabilità sia i sintomi gastrointestinali, mentre durante i mesi estivi, con un incremento della produzione serotoninergica, la sintomatologia può talvolta alleviarsi.

Anche la relazione tra serotonina e microbiota intestinale è stata studiata con beneficio: alterazioni della nostra principale comunità batterica sono associate a un aumento dei precursori della serotonina, come il triptofano, e a una maggiore attivazione dei recettori cerebrali coinvolti nella regolazione dell'appetito, del dolore, dell'umore e della memoria. La scienza moderna ha evidenziato un legame diretto tra la funzione dell'asse ipotalamo-ipofisi-surrene (HPA) e il microbiota, suggerendo un ruolo nella gestione e mitigazione dello stress. L'infiammazione intestinale può stimolare il rilascio di molecole proteiche che fungono da segnali di comunicazione tra le cellule del sistema immunitario, chiamate citochine pro-infiammatorie (come TNF-α e IL-6), le quali sono capaci di attraversare la barriera ematoencefalica e di influenzare la salute mentale e i cui livelli elevati sono correlati a sintomi depressivi e ansiosi. Ma, anche questa, è una storia che stiamo scrivendo giorno dopo giorno, e i meccanismi di interazione tra microbiota e cellule intestinali necessitano ancora di ulteriori studi.

Le connessioni tra sistema nervoso centrale, intestino e fattori ambientali, come ormai sarà chiaro, cambiano il modo in cui percepiamo l'insorgere del meteorismo, rendendolo non più un fenomeno puramente fisico, come i sacri testi di una volta ci hanno insegnato, ma il risultato di un'interazione complessa tra biologia e psiche. La presenza di disturbi dell'umore, come ansia e depressione, è di frequente associata a un peggioramento del gonfiore addominale o, in ogni caso, a un *discomfort* tale da doversi recare dal medico nella speranza di una soluzione. Il sistema di comunicazione bidirezionale tra l'intestino e il cervello non è altro che un continuo dialogo che influenza non solo la funzione gastrointestinale, ma anche lo stato emotivo e i processi cognitivi superiori.

L'asse intestino-cervello è principalmente guidato dal sistema nervoso enterico (ENS), che per la sua complessità neurochimica e anatomica viene definito un «secondo cervello». Le scoperte neurobiologiche degli ultimi decenni hanno dimostrato come l'ENS sia non solo un regolatore locale, ma parte integrante di una complessa rete che comunica con il sistema nervoso centrale tramite il nervo vago e altre vie neurochimiche. Le connessioni ascendenti trasmettono informazioni dal tratto gastrointestinale al cervello, determinando emozioni e stati d'animo, mentre dal cervello i segnali discendenti possono modulare la funzione intestinale, spesso in risposta a stress e stimoli emotivi.

Un aspetto fondamentale riguarda l'influenza del microbiota intestinale su questo equilibrio. Le comunità microbiche intestinali svolgono un ruolo chiave nel regolare la produzione di neurotrasmettitori, come la già menzionata serotonina, e la modulazione dell'asse ipotalamo-ipofisi-surrene, un meccanismo centrale nella risposta allo stress. E ancora: la comunicazione intestino-cervello sembra influenzare anche la percezione del dolore e il processo decisionale intuitivo. Studi su modelli sperimentali indicano che l'attivazione di specifiche aree cerebrali, come la corteccia cingolata anteriore e l'amigdala, sia direttamente correlata a segnali provenienti dall'intestino. In condizioni di squilibrio, come stress cronico o infiammazione intestinale, si osserva un aumento della sensibilità viscerale e un'accentuazione del dolore percepito.

Lo stress e l'ansia hanno una connessione profonda con

l'intestino attraverso meccanismi neurochimici complessi. La risposta allo stress coinvolge l'attivazione dell'asse ipotalamo-ipofisi-surrene che, aumentando il rilascio di cortisolo, può alterare la motilità intestinale rallentando o accelerando il transito del cibo. Inoltre, lo stress può stimolare l'attività del sistema nervoso simpatico e inibire il sistema parasimpatico, limitando la capacità dell'intestino di funzionare correttamente. L'ansia, invece, può intensificare la percezione del dolore attraverso un aumento della sensibilità viscerale, spesso mediato dal nervo vago e dalla riduzione della produzione di neurotrasmettitori come la serotonina. Questo circolo vizioso porta a una maggiore percezione di gonfiore e dolore addominale, accentuando i sintomi in condizioni come l'IBS e la celiachia.

E allora immaginiamo ancora uno scenario di vita comune, questa volta confrontando due individui. Il primo è un pescatore prossimo ai settant'anni che, pur cibandosi di pesce crudo e lievitati a ogni ora del giorno, non avverte senso di gonfiore e pesantezza addominale nonostante un girovita che reclamerebbe un intervento. Il secondo, ben più giovane, è un lavoratore indefesso, attento all'alimentazione e all'attività fisica ma che, malgrado le premure, va dal medico riferendo nausea, stipsi, diarrea e diversi altri problemi che inficiano la sua qualità di vita. Come ci spieghiamo questa estrema differenza?

Per rispondere, dobbiamo fare un piccolo *excursus* e parlare di felicità, anche se potrà sembrarvi strano. La felicità è uno dei concetti più intimi che ci siano, e ognuno di noi la lega ad attimi e momenti che porta con sé. La sua etimologia risale alle parole latine *felix* e *felicitas*, la cui radice comune (*fe-*), che nell'antica lingua indicava idee come abbondanza e ricchezza, ha nei secoli progressivamente abbandonato i connotati materialistici, assumendo sempre più nell'immaginario collettivo un ruolo emozionale, spirituale, quasi consolatorio rispetto ai valori materiali che spesso la vita impone.

Ma per gli scopi di questo libro dobbiamo sforzarci di andare oltre il concetto di felicità della mente e introdurne uno nuovo: quello della nostra felicità intestinale, o per meglio dire dei sentimenti del nostro intestino (*gut feelings*). Infatti, se è indubbiamente vero, come abbiamo illustrato in precedenza, che gli stati ansiosi e depressivi possono interferire negativamente con la nostra capacità di comunicare difficoltà digestive, dall'altro lato stati positivi come la calma e la gioia sono correlati a una riduzione della sintomatologia e a una maggiore adozione di comportamenti salutari, quali l'attività fisica e i cambiamenti nella dieta. E, come ci dimostra il nostro caso-esempio, la felicità della nostra pancia in alcune occasioni conta più dell'attenzione alla dieta e all'attività fisica. Perché è tutta una questione di testa e pancia.

Gli studi che hanno approfondito i legami tra batteri intestinali specifici ed emozioni positive come la felicità e la speranza, con particolare riferimento al sesso femminile, hanno evidenziato che determinate specie batteriche sono presenti in maniera più elevata nelle donne che, nel corso di test psicoattitudinali, hanno riferito di essere più felici, più fiduciose e di avere migliori capacità di gestione delle emozioni. L'analisi di sequenziamento metagenomico condotta sui campioni di feci raccolti dalle pazienti coinvolte ha rilevato che le persone che riferivano emozioni negative (che si sentivano tristi, spaventate, irrequiete o depresse) presentavano un microbioma intestinale meno diversificato, con elevati livelli, tra gli altri, di *Firmicutes* e *Ruminococcaceae*, già associati in letteratura, quando riscontrati in grande eccesso, a condizioni morbose come schizofrenia, IBS e malattie cardiovascolari. Al contrario, chi nei test aveva evidenziato una condizione di serenità e gioia presentava una maggiore biodiversità e bassi livelli dei già citati batteri.

Le ricerche che esplorano la relazione tra microbiota intestinale, stato di salute e comunicazione della propria condizione, insomma, hanno evidenziato come una dieta equilibrata possa favorire un microbiota sano e una mente serena. Tuttavia, è complesso stabilire se gli effetti osservati derivino dalla dieta stessa o dalle modifiche del microbiota, poiché numerosi fattori individuali, come la genetica e lo stile di vita, influenzano tali risultati. Di conseguenza, la variabilità nelle risposte individuali richiede approcci dietetici personalizzati per ottimizzare la salute, riconoscendo che ogni individuo e il proprio microbiota sono unici.

Come approfondiremo nei capitoli successivi, sono tanti gli attori coinvolti in questi intricati rapporti. Dobbiamo parlare di gas, di grasso addominale, di possibili soluzioni. Insomma, ci sono gli argomenti per goderci il viaggio.

Alla ricerca della felicità.

III

Un amico imbarazzante: quale gas si produce e come

«Oggi mi sento un po' gonfio.»

Ciascuno di noi – chi con grande fastidio, chi con più leggerezza – almeno una volta nella vita avrà pronunciato questa frase. Eppure, ci siamo mai chiesti da dove viene tutta questa aria? Entra dall'esterno, come ci dicevano le nostre nonne ricordandoci di non parlare con la bocca piena, o si produce all'interno? E perché l'odore delle nostre emissioni, sia di feci sia di aria, cambia di giorno in giorno e da individuo a individuo? In questo capitolo scopriremo come si forma e a cosa serve l'aria «nella pancia», e perché in qualcuno di noi si trova in grandi quantità o è più fastidiosa.

Il generico «gas intestinale» è in realtà un mix di molecole gassose la cui produzione, seppure altamente variabile, rappresenta un evento fisiologico costante con importanti effetti per la nostra salute. Quando però ve ne è un eccesso, i fastidi che più spesso vengono riferiti sono la distensione addominale, la sensazione di ripienezza, dolore addominale, eruttazioni ed eccessiva flatulenza.

Questi sintomi sono principalmente legati a uno squilibrio, acuto o cronico, nella quantità e nella composizione del gas intestinale, il cui accumulo si verifica quando la massa di gas prodotta supera quella eliminata. Un individuo in salute produce infatti una quantità notevole di gas (0.6-1.8 litri al giorno), ma solo una piccola frazione, circa 100-200 ml, resta all'interno del corpo umano. Questo è possibile perché, come è facile immaginare, attraverso le eruttazioni, la flatulenza e persino attraverso la respirazione riusciamo a eliminarne la maggior parte. Un'altra quota di gas viene inoltre «bruciata» per far funzionare le cellule e il microbiota.

Come molti di noi avranno sperimentato, la produzione di questo gas intestinale aumenta circa del 65% dopo i pasti; in particolare, questa percentuale può variare in funzione della quantità e della qualità di certi componenti assunti con la dieta che non vengono digeriti e assorbiti (completamente o parzialmente) nel nostro intestino tenue e che dunque arrivano «intatti» nel colon, dove alcuni microrganismi del microbiota sono in grado di utilizzarli producendo gas. Tra i nutrienti che aumentano la produzione di gas nel colon vi sono per esempio i carboidrati non assorbibili come lattulosio e mannitolo, i carboidrati assorbiti parzialmente come lattosio, fruttosio e sorbitolo e gli alimenti ricchi di zolfo come i fagioli, la carne di maiale, la cipolla e le verdure crucifere (per esempio cavoli e cavolfiori). La scienza ha di fatto confermato ciò che tutti sperimentiamo: un aumento considerevole di fibre nella dieta porta a una maggiore flatulenza (fino a 22 evacuazioni al giorno) nonché a maggiori sintomi e *discomfort* addominale.

Come risultato di questa interazione fra i microrganismi presenti nel nostro microbiota e gli alimenti assunti, avremo un mix di gas i cui componenti principali sono: azoto, ossigeno, anidride carbonica, idrogeno e metano.

L'azoto rappresenta senz'altro l'elemento principale del gas intestinale; deriva quasi esclusivamente dall'ingestione di aria ed è utile per diverse funzioni. Innanzitutto, viene impiegato durante il processo metabolico dei cosiddetti composti azotati, un gruppo di messaggeri molecolari che possono avere vari effetti locali e sistemici. Per esempio, alcuni batteri presenti nel colon utilizzano l'azoto per la produzione di acidi grassi a catena corta, che rappresentano un substrato energetico per i colonociti (le cellule del colon). Inoltre, alcuni microrganismi del colon, attraverso uno specifico enzima chiamato «ureasi», hanno bisogno dell'azoto per produrre l'ammoniaca, funzionale non solo ai batteri stessi per produrre i propri aminoacidi (ovvero i «mattoncini» che formano le proteine), ma anche agli enterociti (cellule epiteliali dell'intestino) per la sintesi di composti importanti come il glutammato, la glutammina e l'urea.

Anche l'ossigeno che ingeriamo dall'esterno arriva nell'intestino ma, a differenza dell'azoto, viene subito riassorbito nel sangue e dunque passa da una concentrazione del 15-16% nello stomaco a circa il 2% nel colon. Questa considerevole riduzione nell'ultimo tratto intestinale permette lo sviluppo di numerosi batteri commensali anaerobi (che fanno parte del microbiota intestinale), ma è anche fondamentale per l'assorbimento di nutrienti come il ferro, per l'integrità della barriera intestinale, che ci protegge dall'ingresso di sostanze e microrganismi nocivi, e per una corretta risposta immunitaria. Infine, la scarsità di ossigeno permette ai batteri fermentanti di produrre alcune molecole utilizzate come fonte energetica nell'intestino crasso.

Oltre al mantenimento dell'equilibrio fra le specie batteriche, l'ossigeno, così come l'azoto, è un componente cruciale per la produzione di molecole attive che hanno effetti sia intra- sia extra-intestinali. Tra queste bisogna certamente citare l'ossido nitrico, la prima molecola gassosa a essere definita «gastrasmettitore». I gastrasmettitori sono così chiamati perché forniscono segnali per altre cellule. Per esempio, l'ossido nitrico si diffonde liberamente attraverso le membrane cellulari e attiva delle vie di segnalazione nelle cosiddette cellule enteroendocrine, ovvero cellule intestinali secernenti ormoni (detti peptidi intestinali) in grado di regolare diverse risposte fisiologiche. Tra i vari peptidi intestinali vi sono la gastrina, la colecistochinina e la motilina, responsabili della regolazione della secrezione dei succhi gastrici e degli enzimi digestivi, oltre che dei movimenti peristaltici responsabili dello svuotamento gastrico e della vasodilatazione delle arterie intestinali (necessaria per assorbire i nutrienti). Oltre a quello nell'apparato digerente, l'ossido nitrico ha effetti anche più «lontani», in quanto è coinvolto indirettamente nei processi di vasodilatazione sistemica e di regolazione del senso di fame e sazietà a livello dei centri cerebrali; inoltre, in caso di infezione, è utile per svolgere un ruolo antinfiammatorio.

A partire dall'ossigeno, le cellule intestinali formano anche il perossido di idrogeno, il componente dell'acqua ossigenata. Così come noi la utilizziamo per disinfettare le ferite grazie alla sua funzione battericida e antisettica, anche nell'intestino il perossido di idrogeno è utile nei processi di guarigione delle cellule della mucosa intestinale e soprattutto per ridurre la virulenza, la motilità e l'invasività delle specie batteriche patogene.

Se azoto e ossigeno hanno un'origine per lo più esogena, vi sono gas endogeni che derivano invece dal metabolismo delle nostre cellule o, in misura maggiore, dalla fermentazione, il processo di «respirazione anaerobica» di alcuni microrganismi commensali. Per esempio, l'anidride carbonica viene generata nello stomaco in seguito all'aumento della secrezione acida che si verifica subito dopo il pasto. Una parte di questa anidride carbonica viene eliminata con le eruttazioni, un'altra si diffonde nel sangue per essere espulsa attraverso i polmoni, ma il resto passa dallo stomaco nell'intestino tenue, dove un'ulteriore fonte di produzione è rappresentata dalla digestione dei trigliceridi alimentari. Nel colon, poi, la quantità di anidride carbonica aumenta addirittura del 10%: qui infatti alcuni commensali, come *Bifidobacterium* e alcune specie di *Clostridiales*, fermentano i carboidrati non digeriti dando origine all'anidride carbonica e agli SCFAs (tra cui va citato il butirrato, un'importantissima fonte energetica per i colonociti). Pertanto, la quota di anidride carbonica prodotta nel colon dipende strettamente dalla quantità di fibre introdotte con la dieta (il termine «fibra» comprende numerose sostanze alimentari ma, per semplicità, in questo capitolo lo intendiamo come l'insieme dei carboidrati non digeriti o parzialmente assorbiti nei primi tratti intestinali). L'anidride carbonica che si viene a creare viene utilizzata per formare il monossido di carbonio e il lattato. Il primo, appartenendo alla categoria dei gastrasmettitori, svolge funzioni di regolazione della motilità intestinale e migliora l'ossigenazione dei tessuti; il lattato invece viene prodotto in condizioni anaerobiche dalle specie *Bifidobacterium* e *Lactobacillus* per contribuire alla crescita delle cellule intestinali e come substrato energetico prontamente disponibile per alcuni microrganismi che, come conseguenza, producono i già nominati e importanti SCFAs.

E ora veniamo a un altro gas largamente rappresentato nell'intestino: il metano. Esso viene a formarsi esclusivamente dalla fermentazione di carboidrati non assorbibili da parte di microrganismi chiamati per l'appunto metanogeni. Nel colon la concentrazione di metano è di circa il 14%, ma questa quantità è fortemente influenzata da vari fattori. Innanzitutto, la produzione di metano richiede la presenza di idrogeno nell'intestino, idrogeno che però viene utilizzato, e consumato, anche da altri batteri. Dobbiamo pensare a un «gioco della corda» in cui i batteri metanogeni competono con altri batteri per accaparrarsi l'idrogeno disponibile. La produzione di metano, tuttavia, non dipende solo dalla presenza dei batteri metanogeni nel microbiota, ma anche dalla dieta. È stato infatti osservato che in soggetti sani un'assunzione elevata di carboidrati fermentabili a catena corta a lento assorbimento e non digeribili (definiti FODMAPs) comporta una marcata riduzione della sua produzione. Un ulteriore aspetto interessante legato a questa molecola riguarda il suo coinvolgimento nel transito intestinale e nella conseguente defecazione. È importante sapere che il nostro intestino possiede una rete di neuroni e nervi molto estesa, tanto da essere definito, come abbiamo visto, il «secondo cervello»: questo insieme di cellule nervose serve a orchestrare tutti gli eventi che hanno luogo lungo l'apparato digerente, fra cui la motilità gastrica e intestinale. È stato visto che il metano influenza le vie colinergiche del sistema nervoso enterico, rallentando il transito intestinale. Difatti, più metano c'è, più rallenta il tempo di transito intestinale e più facilmente si va incontro a stipsi, anche cronica. È per questo motivo che il trattamento con rifaximina, un antibiotico intestinale diretto contro la microflora metanogena, può accelerare il transito nel colon e migliorare la stitichezza nei pazienti con costipazione cronica.

L'ultimo della triade dei gas prodotti tramite la fermentazione batterica da parte di commensali anaerobi è l'idrogeno, che in concentrazioni fisiologiche protegge la mucosa del colon dallo stress ossidativo, prevenendo infiammazione e carcinogenesi. Come l'anidride carbonica e il metano, anche la sua produzione richiede la presenza nell'intestino crasso di substrati fermentabili provenienti dalla dieta: la maggior parte è rappresentata da oligosaccaridi non assorbibili (per esempio, il lattulosio o alcuni oligosaccaridi presenti nei fagioli) e solo un decimo è rappresentato da proteine poco assorbite, acidi grassi a catena corta e alcol. Un esempio numerico quotidiano è dato dall'ingestione di una tazza di latte. Il lattosio contenuto in una tazza di latte porta alla produzione di circa 500-1000 ml di idrogeno in seguito alla fermentazione. Una buona parte dell'idrogeno così prodotto viene utilizzata da altre specie di microrganismi per il proprio metabolismo: tra queste abbiamo visto poco fa i metanogeni. Un'altra parte dell'idrogeno, invece, circa il 15%, viene riassorbito nel sangue e poi eliminato con la respirazione. È per questo che nel Breath test, attraverso la quantità di idrogeno espirato dopo l'ingestione di glucosio o lattosio, è possibile stimare la presenza di batteri produttori di idrogeno e, pertanto, fare diagnosi indiretta di varie condizioni, fra cui l'intolleranza al lattosio o una sovracrescita batterica intestinale.

Fino a ora, tutti i gas analizzati sono inodori. È quindi probabile che vi stiate ponendo una legittima domanda: perché l'evacuazione del gas intestinale puzza? Be', tra i principali responsabili dell'imbarazzante odore di molte flatulenze vi sono l'acido solfidrico e l'anidride solforosa, due molecole gassose accomunate dalla presenza di zolfo. L'acido solfidrico, che conferisce il caratteristico odore di uova marce, viene prodotto per lo più dal metabolismo di due tipi di microrganismi: i batteri che catabolizzano la cisteina (un aminoacido solforato che si trova anche nelle proteine della dieta) e i cosiddetti solfobatteri (che producono acido solfidrico). La quantità di acido solfidrico nell'ambiente anaerobico del colon è variabile e dipende dalla disponibilità di ioni solfato e dalla presenza dei batteri solforiduttori, che competono con i già citati metanogeni, oltre che da un'elevata assunzione di carne, aglio e cipolle. La presenza di acido solfidrico nell'intestino ha un ruolo ambivalente, che varia a seconda della sua concentrazione. Infatti, pur rappresentando un importante substrato energetico per i colonociti, se tale concentrazione eccede la capacità dei colonociti stessi di utilizzarlo, l'acido solfidrico genera un effetto pro-infiammatorio. Oltre a ciò, anche l'acido solfidrico svolge una funzione da gastrasmettitore: stimola il rilascio di alcuni peptidi intestinali, influenzando la motilità intestinale, e nei modelli animali si è visto che induce il rilascio di GLP-1, un ormone intestinale che rallenta lo svuotamento gastrico e migliora il profilo glicemico, il cui analogo sintetico è infatti utilizzato come farmaco antidiabetico e antiobesità. In ultimo, i polisolfuri, che si formano in seguito all'ossidazione dell'acido solfidrico, sono in grado di attivare dei nocicettori (neuroni sensoriali specializzati nella percezione degli stimoli dolorosi), responsabili della sintomatologia fastidiosa riconducibile all'eccesso di gas addominale.

L'altra componente «imbarazzante» del gas intestinale è l'anidride solforosa. La sua origine è principalmente legata ai solfiti aggiunti nei prodotti alimentari per le loro proprietà batteriostatiche, battericide e antiossidanti. L'anidride solforosa, infatti, è utilizzata come conservante (nelle etichette lo troviamo con la sigla E220) nella frutta secca, negli amidi alimentari, nel vino e nella birra. Solo una piccola parte deriva dal microbiota, come prodotto intermedio del metabolismo di alcuni solfobatteri. Una volta generato, questo gas viene assorbito dai colonociti, e la sua azione può essere benefica o negativa a seconda della sua concentrazione. Se presente in quantità molto basse, ha delle proprietà citoprotettive, antiossidanti e antinfiammatorie, grazie alle quali è stato osservato un miglioramento in caso di infiammazione del colon. Piccole quantità sono inoltre in grado di regolare la funzione cardiaca e dei vasi sanguigni, prevenendo l'aterosclerosi e l'ipertensione sistemica e polmonare. Viceversa, a elevate concentrazioni l'anidride solforosa non solo danneggia il cuore, ma ha effetti nocivi sui colonociti, provocando ulcerazioni della mucosa intestinale e aumento della permeabilità intestinale (perdendo così la funzione di barriera e facilitando l'ingresso di sostanze tossiche e proinfiammatorie).

Per concludere, abbiamo imparato che il gas intestinale è un eterogeneo mix di singoli gas che, per quanto talvolta possano sembrare imbarazzanti e fastidiosi, svolgono dei ruoli fisiologici fondamentali. La loro capacità di interagire metabolicamente con la parete intestinale e di passare nel sangue rende i gas intestinali uno strumento versatile per determinare degli effetti intra- ed extra-cellulari, sia nell'intestino sia in altri organi. Pertanto, una bellissima sfida per il futuro potrebbe essere quella di riuscire a definire il profilo specifico dei gas intestinali del singolo paziente, sia in termini di volume e composizione sia di analisi del complesso equilibrio di produzione, utilizzo ed eliminazione. Sarebbe magnifico sia per la popolazione sana, per conoscere e sfruttare al meglio le potenzialità di questo nostro «amico», sia per chi risente dei sintomi a esso legati, rappresentando un utile biomarcatore diagnostico e di monitoraggio.

IV

Gas e grasso: sempre insieme?

Come l'eco di un'orchestra che non riesce ad andare a tempo, il gonfiore addominale è quel fastidioso disordine che interrompe la precisa e sincronizzata armonia digestiva.

A chi non è mai capitato di sentirsi gonfio come un pallone dopo un pasto abbondante o durante un periodo di stress? In quei momenti ci si domanda spesso se quel senso di pesantezza abbia qualcosa a che fare con i chili di troppo. Ma cosa accade quando il gonfiore diventa cronico, o quando sembra andare di pari passo con l'aumento di peso corporeo? Esiste un legame tra gas intestinale e grasso corporeo? Sebbene possano apparire fenomeni distanti, gas e grasso spesso vanno a braccetto. Non solo: dietro tutto questo si nasconde un intricato gioco di squadra che vede scendere in campo il nostro organismo con il microbiota intestinale e la nostra alimentazione. Per esempio, come mai alcune persone magre soffrono di gonfiore, mentre altre, pur con qualche chilo di troppo, non percepiscono un simile disagio? La risposta potrebbe risiedere proprio nel microbiota intestinale. Questo esercito di trilioni di microrganismi non si limita soltanto ad aiutarci a digerire ciò che ingeriamo, ma ha un ruolo cruciale anche nel determinare quanto gas si forma nel nostro tubo digerente. Teniamo ben presente che tutto quello che mangiamo non nutre solo noi, ma anche questi microrganismi; ecco perché una dieta equilibrata può diventare la migliore alleata o la peggiore nemica del nostro microbiota. Difatti, esistono alcuni alimenti che incoraggiano la crescita di microrganismi che riducono il gonfiore e altri invece che alimentano microrganismi capaci di promuoverlo. E, in tutto ciò, il nostro microbiota non rimane di certo a guardare, ma fa sentire la sua opinione interagendo con noi in modi inaspettati, influenzando le nostre scelte alimentari, il nostro umore e persino la percezione dei sapori.

Innanzitutto, è bene chiarire subito che non tutti i gonfiori sono uguali. Immaginiamo due persone, una magra e una obesa, entrambe alle prese con fastidiosi gonfiori addominali. Stesso problema, certo, ma con dinamiche molto diverse. Nelle persone magre il gonfiore addominale è spesso associato a disturbi funzionali, come la sindrome dell'intestino irritabile (IBS), abitudini alimentari errate, intolleranze alimentari o alterazione dell'equilibrio del microbiota. Il gas intestinale si forma principalmente a causa della fermentazione dei carboidrati non digeriti da parte dei batteri del colon. Nei soggetti magri, inoltre, l'origine del gonfiore addominale può essere legata a una dieta ricca di zuccheri fermentabili, che resistono alla digestione nello stomaco e nell'intestino tenue, sopravvivendo fino al colon, dove diventano un banchetto perfetto per il microbiota fermentativo. Prendiamo il lattosio, lo zucchero presente nel latte e nei suoi derivati, come esempio lampante: in assenza della lattasi nel nostro intestino (enzima deputato alla digestione del lattosio), questo zucchero arriva inalterato nel colon, dove viene fermentato dai microrganismi locali. Sebbene questa condizione possa temporaneamente influenzare il microbiota locale, il metabolismo generale e la composizione corporea rimangono stabili.

E cosa succede invece nei soggetti obesi? In questo caso, il quadro diventa un po' più complesso: entra in gioco il grasso viscerale, quello nascosto dentro la pancia. Oltre a essere metabolicamente attivo, questo grasso può essere inteso come un organo endocrino in grado di produrre citochine infiammatorie che alterano il metabolismo e influenzano l'ambiente intestinale, rendendolo più fermentativo. Nei soggetti obesi, il gonfiore addominale può essere sintomatico di uno squilibrio nella composizione del microbiota, spesso accompagnato da insulino-resistenza, una condizione in cui le cellule del corpo non rispondono più in maniera adeguata all'insulina. Questa è un ormone che regola i livelli di zuccheri nel sangue (glicemia) e che svolge un ruolo chiave in tutta questa storia. Dopo un pasto ricco di carboidrati, il pancreas produce subito l'insulina per abbassare la glicemia e consentire alle cellule di immagazzinare energia. Proviamo a immaginare l'insulina come una moneta di scambio che il nostro organismo ha imparato a usare per depositare i nostri «risparmi» energetici di zuccheri attraverso una raffinata ma pericolosa valuta: il grasso. Quando consumiamo carboidrati, il nostro corpo li scompone in glucosio, che entra nel flusso sanguigno, facendo aumentare la glicemia. Livelli troppo alti di glicemia sono dannosi per le nostre cellule e i nostri tessuti; per questo motivo il pancreas viene in nostro aiuto producendo l'insulina, che agisce come «custode» dello zucchero, assicurandosi che venga prontamente spazzato via dal sangue e immagazzinato. In condizioni normali, l'insulina aiuta le cellule muscolari e adipose ad assorbire il glucosio, utilizzandolo nell'immediato come combustibile o immagazzinandolo sotto forma di glicogeno (nei muscoli e nel fegato). Inoltre, quando l'insulina segnala un eccesso di zuccheri nel sangue, il fegato prende in carico la loro trasformazione. Nell'officina metabolica del fegato, attraverso un processo che prende il nome di *de novo lipogenesi*, gli zuccheri vengono convertiti in acidi grassi e in seguito «incappucciati» con glicerolo per formare i trigliceridi. Questi trigliceridi possono essere stoccati localmente (contribuendo allo sviluppo della steatosi epatica, detta «fegato grasso») o trasferiti al tessuto adiposo, incrementando il grasso viscerale. Tale meccanismo, che da un lato può sembrare negativo, in realtà rappresenta un processo evolutivo di sopravvivenza, che permette all'essere umano di conservare energia per i periodi di digiuno o carestia. La capacità dell'insulina di immagazzinare energia sotto forma di grasso è utile, ma può diventare controproducente in un contesto di sovralimentazione e sedentarietà. Nello specifico, diete ricche di zuccheri semplici e carboidrati raffinati stimolano una produzione cronica e smisurata di insulina, portando le cellule a esservi sempre meno sensibili e costringendo il pancreas a produrne sempre di più. Questa condizione è nota come insulino-resistenza. L'iperinsulinemia cronica non solo promuove l'accumulo di grasso viscerale, ma aggrava anche l'infiammazione sistemica e altera il microbiota intestinale. A lungo termine, l'insulina, che inizialmente agiva come un custode efficace, si trasforma in una sorta di «accumulatore seriale». Il nostro corpo, infatti, interpreta la continua presenza di alti livelli di insulina come un segnale di sovrabbondanza energetica e risponde incrementando l'adipogenesi, ovvero la formazione di nuove cellule adipose, contribuendo dunque all'aumento del grasso viscerale. Ecco, quindi, che questo processo, sebbene apparentemente innocuo, diventa dannoso quando il meccanismo è sollecitato e stimolato di continuo. Il fegato, sovraccarico, inizia a produrre una quantità eccessiva di trigliceridi, peggiorando lo stato metabolico generale. L'insulina, evolutivamente progettata per proteggerci dall'iperglicemia e garantire un buon risparmio energetico, è ormai divenuta una moneta inflazionata: se da un lato la sua azione è cruciale per la sopravvivenza, dall'altro il suo abuso (dovuto a diete ipercaloriche e stili di vita sedentari) può mandare in tilt il sistema.

Ma cosa c'entra tutto questo con la formazione di gas nella pancia? Bene, l'insulina non si limita soltanto a incrementare il deposito di grasso, ma svolge anche un ruolo indiretto nell'accumulo di gas intestinale. Il grasso viscerale, infatti, agisce come una vera e propria centrale infiammatoria, rilasciando citochine pro-infiammatorie come il TNF-α e l'IL-6. Queste molecole alterano il microbiota intestinale, favorendo la crescita di microrganismi altamente fermentativi, che producono gas. Allo stesso tempo, tali citochine compromettono l'integrità della barriera intestinale, aumentandone la permeabilità e permettendo il passaggio di tossine e microrganismi nel flusso sanguigno, il che amplifica lo stato infiammatorio generale. Ma il microbiota intestinale non è solo un attore passivo in questa dinamica: è un ecosistema estremamente reattivo che si adatta ai cambiamenti della dieta e del metabolismo. Tutto quello che mangiamo funge da spartito per il nostro microbiota, un'orchestra in cui ogni microrganismo suona con diligenza la sua partitura. Una dieta equilibrata favorisce e sostiene uno stato di salute armonioso, mentre un'alimentazione sbilanciata porta a uno stato di caos fermentativo e infiammatorio. Quando mangiamo fibre (presenti in frutta, verdura e cereali integrali) che non riusciamo a digerire, ci viene in aiuto il microbiota, che fermenta questi residui e produce acidi grassi a catena corta (SCFAs), come acetato, propionato e butirrato, i quali apportano numerosi benefici al nostro organismo. Essi migliorano la sensibilità delle cellule all'insulina, riducendo l'iperinsulinemia, e modulano la lipogenesi e l'infiammazione, contribuendo al controllo del metabolismo del grasso viscerale. Quando il nostro microbiota è sbilanciato tende a generare maggiori quantità di gas durante la fermentazione dei carboidrati e delle fibre non digerite, incrementando ulteriormente il gonfiore addominale. In questo contesto, la produzione di SCFAs risulta compromessa, e il microbiota fermenta zuccheri e carboidrati non digeriti in maniera meno efficiente, aumentando di conseguenza la formazione di gas come sottoprodotto.

Le scelte alimentari rappresentano dunque il ponte fondamentale tra metabolismo e gonfiore intestinale. Una dieta ricca di carboidrati raffinati, zuccheri e grassi saturi altera il microbiota, riduce la produzione di SCFAs benefici e favorisce la fermentazione, con incremento di gas. Al contrario, una dieta ricca di cereali integrali, legumi, ortaggi (prebiotici) e alimenti fermentati (probiotici) può aiutare a riequilibrare il microbiota, riducendo il gonfiore.

Risulta chiaro, dunque, che questa complessa comunità di microrganismi che abita il nostro tratto digestivo sta assumendo un ruolo sempre più centrale nella regolazione dei processi metabolici dell'organismo, diventando così oggetto di crescente attenzione e studio. Negli ultimi anni l'interesse per l'influenza del microbiota sullo stato di salute e malattia ha portato la ricerca scientifica a cercare di comprendere se l'alterazione della composizione dei microrganismi dell'intestino sia la causa o la conseguenza di malattie metaboliche come l'obesità e il dismetabolismo. La domanda che sorge spontanea è se sia il dismetabolismo, indotto da una dieta squilibrata o altre cause ambientali, a modificare il microbiota, oppure se, al contrario, sia il microbiota stesso a contribuire al dismetabolismo. Alcuni studi suggeriscono che si tratti di una relazione bidirezionale, in cui fattori ambientali, come la dieta, e il microbiota stesso si influenzano reciprocamente. Un esempio emblematico di questa relazione è rappresentato dagli esperimenti condotti da Fredrik Bäckhed e Jeffrey Gordon, due pionieri dello studio sul microbiota e sul suo ruolo nell'obesità. Nelle loro analisi sono stati utilizzati topi *germ-free*, cioè nati e cresciuti in ambienti sterili, dunque privi di qualsiasi microrganismo. Questo approccio ha permesso di studiare in modo dettagliato l'effetto del microbiota sulla salute. Nello specifico, i due ricercatori hanno scoperto che questo modello animale era particolarmente magro e non presentava nessun segno di obesità, suscitando il sospetto che l'assenza di microbi intestinali fosse legata a una regolazione più efficiente del metabolismo. In seguito i due ricercatori si sono chiesti se l'introduzione di microbi nelle cavie potesse in qualche modo influenzare il loro peso corporeo. Bäckhed e i suoi colleghi hanno quindi condotto esperimenti di trapianto di microbiota fecale, colonizzando i topi *germ-free* con microbi intestinali di topi normali. I risultati sono stati sorprendenti: i topi privi di microbi, una volta colonizzati, hanno mostrato un rapido aumento di peso, circa il 60% in più in soli 14 giorni, nonostante fossero stati nutriti di meno. Questo fenomeno ha suggerito che il microbiota fosse in grado di estrarre più calorie dal cibo, modificando l'efficienza con cui l'organismo metabolizza le sostanze nutritive. Studi sperimentali hanno dimostrato che un microbiota «obeso» può attivare specifici geni che favoriscono l'immagazzinamento di energia sotto forma di grasso nelle cellule adipose. Questi geni, il cui scopo è preservare energia durante periodi di scarsità alimentare, risultano attivati in modo continuo in soggetti sovrappeso, portando a un accumulo eccessivo di grasso. Un recente studio ha ulteriormente evidenziato l'importanza del microbiota nel determinare specifiche condizioni metaboliche. In particolare, trapiantando il microbiota di pazienti affetti da steatosi epatica in topi *germ-free*, questi ultimi hanno sviluppato la stessa condizione epatica, nonostante seguissero una dieta identica a quella di topi sani. Questo risultato suggerisce che il microbiota può agire come un promotore diretto di disfunzioni metaboliche, indipendentemente dall'alimentazione, sottolineando il suo ruolo centrale nel modulare la salute metabolica.

Un'ulteriore considerazione di grande interesse concerne la composizione batterica del microbiota. Ruth Ley, microbiologa che ha collaborato con Jeffrey Gordon, ha osservato significative differenze tra il microbiota di topi geneticamente obesi e di topi normopeso. In particolare, i topi obesi presentavano una riduzione del 50% dei batteri appartenenti al phylum *Bacteroidetes* e un aumento dei *Firmicutes*. Questo squilibrio, caratterizzato dal predominio dei *Firmicutes*, è stato correlato a una maggiore efficienza nell'estrazione di calorie dai carboidrati assimilati con dieta. Gli studi condotti su esseri umani hanno confermato questi risultati: le persone obese tendono a presentare un'abbondanza di *Firmicutes* e una minore quantità di *Bacteroidetes* rispetto alle persone magre.

Da tutto ciò emerge la domanda fondamentale: il microbiota intestinale è una causa dell'obesità o ne rappresenta semplicemente una conseguenza? Sebbene non esista una risposta definitiva, gli studi suggeriscono che il microbiota possa influenzare l'efficienza del metabolismo, incrementando l'estrazione di calorie dal cibo e contribuendo, quindi, all'aumento di peso. Un interessante esperimento, condotto sempre da Jeffrey Gordon e dai suoi collaboratori, ha messo in evidenza che i topi con un microbiota «obeso» sono in grado di estrarre dal cibo circa il 2% in più di calorie rispetto ai topi normopeso. Sebbene un incremento del 2% sembri marginale, l'effetto cumulativo sul lungo termine può essere significativo.

Un altro aspetto cruciale nella comprensione del modo in cui il microbiota può influenzare l'obesità è la resistenza all'appetito. L'appetito è regolato da un sistema complesso che coinvolge segnali provenienti dallo stomaco, dagli ormoni e dal tessuto adiposo. In una persona sana, quando i depositi di grasso raggiungono un livello sufficiente, l'appetito diminuisce. Tuttavia, nelle persone obese questo sistema di regolazione può non funzionare correttamente, e l'eccesso di grasso corporeo non riesce a spegnere il desiderio di cibo. Alcuni studi evidenziano che questa disfunzione può essere causata da un'infiammazione cronica indotta dal microbiota intestinale. Nello specifico, l'infiammazione causata da un microbiota «obeso» potrebbe alterare i segnali chimici responsabili della regolazione dell'appetito, portando a un desiderio di cibo costante e incontrollato. Il legame tra microbiota e infiammazione è ancor più evidente se si considera il ruolo di alcuni batteri intestinali, come i batteri Gram-negativi, che sono presenti in quantità maggiore nel microbiota delle persone obese. Questi batteri producono lipopolisaccaridi, molecole che, una volta entrate nel flusso sanguigno, innescano una risposta infiammatoria sistemica. Tale processo non solo promuove l'accumulo di grasso, ma contribuisce anche allo stato di infiammazione cronica che interessa il tessuto adiposo. Di conseguenza, viene ostacolata la formazione di nuove cellule adipose, mentre quelle già presenti tendono a ingrossarsi e a proliferare. Un elemento degno di nota è il batterio *Akkermansia muciniphila*, che ha attirato particolare attenzione per il suo ruolo nella regolazione metabolica. *Akkermansia* vive nello strato di muco che riveste l'intestino e, secondo alcuni studi, la sua presenza è inversamente correlata all'obesità. Nei soggetti magri, *Akkermansia* è più abbondante, mentre nelle persone obese è molto ridotto. La ricerca scientifica suggerisce che questo batterio potrebbe essere fondamentale per mantenere lo strato di muco intestinale sano e spesso, impedendo la migrazione dei lipopolisaccaridi nel sangue e riducendo l'infiammazione. Al contrario, una carenza di *Akkermansia* potrebbe favorire l'infiammazione e il dismetabolismo, aggravando ulteriormente il quadro dell'obesità. Di recente, è andato aumentando un crescente interesse nella pratica del trapianto di microbiota fecale per il trattamento di pazienti affetti da infezioni gastrointestinali croniche e malattie infiammatorie intestinali (IBD). Sebbene metodi come l'utilizzo di probiotici e prebiotici possano indurre cambiamenti temporanei nel microbiota intestinale, interventi più drastici come il trapianto di microbiota fecale può alterare radicalmente la composizione batterica intestinale. Il trapianto di microbiota fecale ha mostrato risultati promettenti nel trattamento di diverse condizioni, tra cui l'infezione da *Clostridium difficile*. Consiste nell'infusione di materiale fecale proveniente da un donatore sano nell'intestino di un ricevente, con l'obiettivo di ristabilire un equilibrio microbiotico salutare. Le prime evidenze storiche dell'uso terapeutico delle feci risalgono alla Cina del IV secolo, mentre il primo caso documentato in ambito medico risale al 1958, quando il trapianto fu utilizzato per trattare una colite pseudomembranosa, probabilmente causata da *Clostridium difficile*. Un caso di particolare interesse riguarda un paziente affetto da infezione da *Clostridium difficile* che è stato sottoposto a un trapianto di microbiota fecale proveniente da un parente stretto. A distanza di sedici mesi dall'intervento, il paziente ha sperimentato un significativo aumento di peso, suggerendo non solo un ripristino dell'equilibrio intestinale, ma anche possibili effetti collaterali legati alla modulazione metabolica indotta dal nuovo microbiota.

È evidente, quindi, che il microbiota non è solo un osservatore passivo, ma un attore fondamentale nella regolazione dei nostri processi metabolici.

Coltivare un microbiota sano attraverso scelte alimentari equilibrate, ricche di fibre e alimenti fermentati deve rimanere la nostra priorità strategica per migliorare non solo la salute digestiva ma anche il benessere generale, riducendo l'infiammazione e il rischio di obesità. Gas e grasso, pur non essendo sempre alleati, spesso si trovano a braccetto. Il nostro microbiota gioca un ruolo cruciale in questa relazione, influenzando sia il metabolismo sia la produzione di gas. La chiave per spezzare questo circolo vizioso risiede in un approccio consapevole, nel prendersi cura del corpo attraverso una dieta equilibrata, esercizio fisico e scelte coscienziose. Riassumendo, è fondamentale lavorare per ristabilire l'equilibrio del microbiota, un passo alla volta, al fine di promuovere un benessere generale duraturo e armonico.

Per concludere, il microbiota è come un direttore d'orchestra: quando tutti i suoi componenti operano in armonia, si crea una sinfonia che favorisce uno stato di salute ottimale. Tuttavia, se l'equilibrio della composizione batterica perde il ritmo, il nostro organismo rischia di trovarsi a suonare una melodia dissonante, con ripercussioni sul nostro stato di salute e benessere.

V

Sotto pelle o sulla pancia: il grasso che infiamma

Maniglie dell'amore, cuscinetti, buccia d'arancia. Anche se nel gergo comune utilizziamo espressioni simpatiche per definire il grasso localizzato su fianchi e cosce, in medicina questi accumuli rappresentano molti segnali negativi per il nostro metabolismo e il benessere dell'intero organismo. Pertanto, oltre al dato puramente estetico, prevenire la formazione di tessuto adiposo o provare a ridurre il pannicolo adiposo rappresenta una sfida in termini di salute.

Secondo i dati dell'Organizzazione mondiale della sanità, nel mondo il 43% degli uomini e il 44% delle donne sono in sovrappeso, e di questi oltre 890 milioni (circa il 16%) sono obesi, con un'incidenza mondiale che è più che raddoppiata tra il 1990 e il 2022. Se nel secolo scorso l'obesità veniva considerata una caratteristica delle classi abbienti, la diffusione dei cibi processati come alternativa più comoda ed economica alla dieta mediterranea ha reso l'obesità un segno di malnutrizione, intesa non più come alimentazione carente in quantità bensì di bassa qualità.

Nella pratica clinica, l'obesità viene comunemente valutata esprimendo il peso corporeo in funzione dell'altezza, secondo la classificazione del *Body Mass Index* (BMI). Un BMI compreso tra 25 e 29,9 definisce il sovrappeso, mentre valori superiori a 30 definiscono la condizione di obesità. Tutti sappiamo però che il peso in sé non è una misura affidabile per stimare la quantità di grasso presente nel nostro corpo. Probabilmente Arnold Schwarzenegger ha oggi lo stesso peso, e quindi lo stesso BMI, che aveva quarant'anni fa… ma di certo la massa muscolare che lo ha reso famoso ha lasciato spazio a molto più grasso. Di conseguenza, distinguere fra massa magra e massa grassa fornisce una misura più affidabile anche del rischio cardiovascolare e di patologie metaboliche associate al tessuto adiposo in eccesso, e orienta al meglio le nostre strategie per la perdita di peso. Per quanto riguarda la massa grassa, però, è utile sottolineare che il grasso più pericoloso per la nostra salute è quello che si accumula a livello addominale, come vedremo più avanti. Per avere una stima della quantità di grasso viscerale, a casa o in uno studio medico, ci viene in aiuto un centimetro da sarto. La misurazione della circonferenza vita, eseguita nel punto di mezzo fra l'ultima costa e la cresta iliaca, permette infatti di diagnosticare l'obesità viscerale per valori superiori a 88 cm nella donna e 102 cm nell'uomo. Come stiamo però scoprendo nelle pagine di questo libro, non è tutto grasso quello che luccica, e chiunque abbia seguito un programma alimentare volto alla riduzione del peso corporeo sa che spesso le prime settimane di un regime dietetico controllato ci portano a perdere centimetri di girovita in termini di gas intestinale e liquidi trattenuti, senza un effettivo calo del peso corporeo, che invece si verifica più avanti, ovvero quando iniziamo a «sciogliere» il grasso in eccesso.

Sciogliere è proprio la parola che si utilizza con i nostri pazienti nel momento in cui ci si riferisce alla possibilità che il tessuto adiposo che abita il nostro addome venga ridotto, perché contiene in sé l'idea che qualcosa di solido come la cera di una candela possa piano piano essere sciolto dal fuoco dell'attività fisica e spazzato via grazie a un metabolismo che lavora in condizioni di «deficit energetico».

Questo processo di scissione del grasso, noto come lipolisi, diventa più chiaro se conosciamo come è fatto il nostro tessuto adiposo. Si tratta di un insieme di cellule abbastanza semplici: c'è un nucleo che contiene il DNA, ma soprattutto una singola gocciola di lipidi che è il tramite con cui i trigliceridi, sintetizzati a partire dal glucosio e dagli aminoacidi derivanti rispettivamente dalla digestione dei carboidrati e delle proteine della dieta, vengono stivati nella cellula. In caso di eccesso di grassi, la gocciola ne accumula sempre di più e cresce di dimensioni, spingendo il nucleo della cellula verso la periferia, tanto che la cellula adiposa, chiamata adipocita, assume al microscopio l'aspetto di un anello con castone. La similitudine è calzante non solo perché il castone è rappresentato dal nucleo, la parte più preziosa e indispensabile dell'anello, ma anche perché la montatura dell'anello può essere modificata nelle dimensioni in base alle necessità energetiche del nostro corpo.

Nella specie umana, alla nascita la massa adiposa del neonato è già ben sviluppata e costituisce il 10% del suo peso corporeo. Crescendo, il tessuto adiposo si distribuisce con notevoli differenze tra i due sessi. Se nel maschio il grasso rappresenta il 12-14% del peso corporeo, nelle femmine è il 25% o più. È però nozione comune che questo grasso si accumuli in maniera differente: nell'uomo è prevalentemente «viscerale», ovvero localizzato a livello della pancia, determinando quel tipo di obesità che definiamo centrale, o per l'appunto «androide», mentre nelle donne questo grasso, in gran parte sottocutaneo, si distribuisce su fianchi e cosce, conferendo al corpo l'aspetto «a pera», motivo per cui parliamo di obesità «ginoide». Questo spiega anche perché i valori di circonferenza vita che ci permettono di diagnosticare l'obesità viscerale sono diversi nei due sessi e in particolare più bassi nella donna rispetto all'uomo.

Tessuto adiposo sottocutaneo e viscerale rappresentano due facce della stessa medaglia, ma svolgono funzioni diverse e rispondono a regole e segnali ormonali differenti. Mentre il tessuto adiposo sottocutaneo rappresenta in media il 50% di tutto il grasso corporeo e riveste come una guaina il nostro corpo sotto la pelle, con funzione di isolante, sia meccanico sia termico, il grasso viscerale rappresenta circa il 45% dei depositi adiposi ed è principalmente distribuito nei depositi omentali (come un grembiule sospeso giù dallo stomaco), mesenterici (associati all'intestino), retroperitoneali, gonadici, mammari e pericardici. A differenza del sottocutaneo, il tessuto adiposo viscerale è più vicino agli organi interni ed è direttamente connesso alla vena porta, così chiamata perché raccoglie il sangue dagli organi addominali e lo «porta» al fegato, la centrale energetica del nostro corpo.

Funzionando come deposito, il tessuto adiposo previene la lipotossicità, un processo dannoso determinato dall'eccesso di acidi grassi, che possono alterare la struttura e le funzioni della membrana delle cellule. Durante un periodo prolungato di eccesso calorico, si verifica infatti iperplasia (aumento del numero) e ipertrofia (aumento del volume) degli adipociti. Questi cambiamenti si verificano inizialmente a livello del tessuto adiposo sottocutaneo e in seguito nel tessuto adiposo viscerale, cercando di evitare che l'accumulo di grasso intacchi i tessuti più nobili (cioè il fegato, dove un aumento di grasso porta alla steatosi epatica, il cuore e i muscoli). Un marcatore di questo accumulo di grasso è l'incremento della circonferenza addominale. In maniera analoga, quando perdiamo massa grassa, all'inizio si riduce la dimensione degli adipociti, poi il loro numero, e solo in seguito vediamo miglioramenti sul grado di steatosi epatica. Il «sacrificio» degli adipociti, costretti a intercettare gli acidi grassi perché non danneggino le altre cellule del nostro corpo, non è però a costo zero. La crescita del volume degli adipociti li porta a diventare disfunzionali, oltre che meno irrorati dal sangue, ovvero ipoperfusi e ipossici. Questo stato persistente di danno cellulare, noto come adiposopatia, causa un'infiammazione cronica di basso grado, che è una caratteristica dell'obesità.

Finora abbiamo parlato di tessuto adiposo inteso nella sua classica composizione e funzione. Ma il nostro corpo non smette mai di stupirci… Esistono infatti altre cellule che immagazzinano lipidi, ma non li utilizzano per fornire energia metabolica, bensì per produrre calore. Per questo contengono goccioline lipidiche più piccole anziché un'unica gocciola, e un apparato energetico che trasforma acidi grassi e glucosio in calore attraverso un processo che si chiama termogenesi, che contribuisce significativamente alla spesa energetica dell'organismo. Tale struttura li rende diversi dalle cellule «a castone» di cui abbiamo parlato in precedenza, tanto che al microscopio non appaiono «bianche» bensì più scure e perciò vengono chiamate adipociti bruni. Qualche anno fa si pensava che questo tessuto «bruno» fosse presente solo nei neonati come vestigia dei nostri antenati esposti al freddo, e che piano piano durante la crescita scomparisse. Oggi sappiamo invece che il tessuto bruno può formarsi anche nei soggetti adulti, mentre nei soggetti sovrappeso o obesi non solo è ridotto ma risulta anche meno attivo. Si è scoperto infatti che i classici adipociti «bianchi», in seguito a stimoli specifici come il freddo o una dieta ricca di grassi e povera di carboidrati, si trasformano in adipociti «bruni», in un processo chiamato *browning*. L'aumento del numero di adipociti bruni incrementa il dispendio energetico e migliora la tolleranza al glucosio e la dislipidemia. Capirai bene che stimolare questo cambiamento potrebbe rappresentare una strategia doppiamente vincente, perché da un lato aumenterebbe la spesa energetica del nostro corpo e dall'altro ridurrebbe la massa grassa, trasformandola in tessuto adiposo bruno. Per esempio, l'esercizio fisico, attraverso la produzione di irisina (ormone generato dal tessuto muscolare), potrebbe migliorare la termogenesi e il *browning*. Tra i nutrienti, l'assunzione di olio di pesce è stata proposta per aumentare l'espressione dei geni associati alla termogenesi, mentre il resveratrolo, contenuto nel vino rosso o nel mirtillo, sembrerebbe stimolare la trasformazione del tessuto adiposo bianco in bruno. Tra i farmaci, la liraglutide, nota come farmaco antidiabete e antiobesità, porta alla perdita di peso attivando la termogenesi e il *browning*, agendo sui recettori GLP-1 ipotalamici, indipendentemente dall'assunzione di cibo. A proposito di farmaci che agiscono e attivano i recettori GLP-1, negli ultimi anni si è dimostrato che la liraglutide e la semaglutide, e di recente la tirzepatide, hanno effetti benefici sull'obesità e su molte altre patologie, tra cui malattie cardiovascolari, la steatosi epatica, le malattie neurodegenerative, le apnee notturne, le malattie renali e il cancro. L'azione di questi farmaci, simili agli ormoni naturali, si esplica sia a livello del sistema nervoso simpatico sia a livello del sistema nervoso centrale, sopprimendo l'appetito attraverso l'attivazione del metabolismo del glucosio e degli acidi grassi, la lipolisi degli adipociti e per l'appunto la termogenesi. Ovviamente, non si tratta di medicine miracolose... Gli studi che hanno portato alla loro commercializzazione sono stati condotti in soggetti che associavano all'assunzione del farmaco anche un regime dietetico controllato e attività fisica regolare. Inoltre, sono stati testati in coorti di soggetti sovrappeso o obesi e, pertanto, possono essere assunti, e prescritti, solo in pazienti con BMI superiore a 30 oppure in coloro che hanno un BMI superiore a 27 ma che presentano già condizioni patologiche correlabili all'eccesso ponderale, come diabete e prediabete, ipertensione, pregressi infarti e ictus. Resta inteso che non sono farmaci per automedicazione e pertanto l'assunzione deve essere intrapresa e monitorata dal medico esperto, che personalizzerà principio attivo, dosaggio e durata della terapia in base al paziente. Infine, poiché l'effetto sulla riduzione del peso non è definitivo, il periodo di assunzione del farmaco deve servire per «rieducare» il paziente a mangiare nelle giuste quantità e a motivarlo nel praticare attività fisica e mantenere uno stile di vita più salutare, in modo da non riprendere massa grassa alla sospensione della terapia.

Adesso però la vera domanda: al di là del dato estetico, perché le maniglie dell'amore sono così poco amorevoli nei confronti della nostra aspettativa di vita e della sua qualità?

Quando l'obesità viscerale è associata a intolleranza glucidica a digiuno e/o dislipidemia e/o ipertensione arteriosa, si incorre in una diagnosi di sindrome metabolica, una condizione che aumenta la probabilità di aterosclerosi (accumulo di lipidi che rende rigide le pareti delle arterie), infarto e ictus, apnee notturne, sindrome dell'ovaio policistico, oltre a incrementare il rischio di tumori. Questo perché, mentre per lungo tempo il tessuto adiposo è stato visto come privo di attività metabolica significativa, oggi sappiamo che non è soltanto un bersaglio, ma anche un sito di sintesi e secrezione di molecole di segnale chiamate adipochine, che vengono riversate nel sangue e agiscono a livello sistemico.

Per esempio, gli adipociti comunicano con i centri regolatori dell'appetito e della sazietà ospitati nel cervello secernendo un ormone chiamato leptina. In presenza di riserve abbondanti e sotto l'influenza di corticosteroidi ed estrogeni, i livelli di leptina aumentano raggiungendo l'ipotalamo e inibendo l'appetito. I livelli ematici di leptina mostrano una correlazione diretta con il BMI, il volume delle cellule adipose e l'insulina, l'ormone prodotto dal pancreas quando mangiamo. La leptina stimola inoltre la formazione di citochine pro-infiammatorie, promuove quella di nuovi vasi sanguigni e agisce come fattore di crescita, contribuendo così all'insorgenza di tumori aggressivi. È stato osservato, per esempio, che nelle donne obese la leptina riveste un ruolo chiave nello sviluppo del cancro al seno e nella risposta al trattamento. In contrasto all'attività della leptina in condizioni fisiologiche, interviene un'altra adipochina, chiamata adiponectina, che svolge funzioni antinfiammatorie, abbassa la glicemia e protegge dall'insulino-resistenza. Poiché l'efficacia dell'adiponectina diminuisce nei soggetti obesi, non è difficile immaginare perché questi pazienti sviluppino più facilmente diabete e patologie infiammatorie e abbiano maggiore difficoltà a perdere peso, in un circolo vizioso che, sul lungo periodo, predispone anche all'insorgenza di malattie degenerative delle articolazioni, in quanto il sovraccarico corporeo determina una traumatizzazione di anche, ginocchia e caviglie e dunque una minore facilità nel praticare attività fisica.

Infine, le scoperte degli ultimi decenni ci impongono di sottolineare che l'aumento della massa grassa e l'adiposopatia sono condizioni di rischio per lo sviluppo del cancro. Come abbiamo già sottolineato, le adipochine che aumentano nei pazienti obesi sono tutte pro-infiammatorie e pro-angiogeniche, condizioni che favoriscono lo sviluppo di cellule tumorali e l'annidamento delle cellule metastatiche. Inoltre, le stesse cellule adipocitarie che si trovano in prossimità delle lesioni tumorali possono contribuire a creare un microambiente che ne incrementa la crescita. Allo stesso tempo, ciò che deve pesare nelle nostre decisioni alimentari e di stile di vita non è solo la volontà di prevenire lo sviluppo del cancro, ma anche sapere che i pazienti oncologici normopeso sono più responsivi alle terapie e più resistenti ai loro effetti collaterali. Gli studi su larga scala ci dicono infatti che non solo i pazienti diabetici e obesi hanno un rischio maggiore di sviluppare il cancro (in particolare del fegato, del colon e della mammella), ma che, per esempio, le donne obese, a parità di stadio iniziale di malattia, trattamento e follow-up, mostrano un maggior tasso di recidive e mortalità.

VI

L'effetto yo-yo

Un certo signor G. è in sovrappeso. Intenzionato a perdere quei chili di troppo che si sono accumulati sul girovita, il signor G. decide di seguire una di quelle diete che promettono di dimagrire di dieci chili in due settimane. Per tutto quel periodo, il signor G. si attiene con scrupolo alle indicazioni ricevute, ed effettivamente riesce a perdere i chili in eccesso. Tuttavia, non appena smette di seguire la dieta, il signor G. riprende i chili persi e ne guadagna anche qualcuno in più. Come mai?

In gergo scientifico, ciò che è successo al signor G. viene definito «dieta effetto yo-yo»: una repentina diminuzione di peso, seguita dal recupero di tutti i chili persi nel momento in cui si ricomincia a mangiare in maniera «normale», un andamento su e giù che ricorda appunto quello dello yo-yo. Questo ciclo può ripetersi più e più volte, e per questo viene anche chiamato *weight cycling*, ossia ciclicità del peso. È importante puntualizzare che questo fenomeno non interessa unicamente le persone in sovrappeso, ma anche individui che hanno un peso corporeo nella norma e che si sottopongono a diete ipocaloriche al fine di raggiungere l'immagine corporea desiderata. In questi individui si può osservare lo stesso effetto yo-yo, che comporta un aumento rispetto al peso pre-dieta.

Il *Minnesota Starvation Experiment*, una delle prime ricerche sull'argomento, fu condotto nel 1950. Gli individui arruolati per questo studio furono sottoposti a una dieta molto rigida, che prevedeva la riduzione del 50% dell'apporto energetico per 24 settimane. Questa dieta ipocalorica fece perdere a ogni partecipante circa il 66% della massa grassa iniziale. Tuttavia, nel momento in cui agli stessi individui fu dato libero accesso al cibo, la massa grassa fu rapidamente recuperata e «superata»: la maggior parte dei partecipanti raggiunse il 145% del peso pre-dieta.

Appare dunque chiaro che gli effetti della dieta yo-yo possono essere deleteri, perché contribuiscono all'aumento dell'incidenza dell'obesità e delle patologie a essa correlate, anche in individui in precedenza considerati normopeso.

Probabilmente hai sperimentato questa situazione in prima persona oppure conosci qualcuno che ha vissuto gli effetti di una dieta yo-yo. Ma perché accade? Perché, nonostante gli sforzi per perdere i chili in eccesso, appena termina la dieta il peso viene velocemente recuperato?

Innanzitutto, va precisato che molto spesso questo effetto è associato a delle diete ipocaloriche, a volte anche estreme: l'assunzione di cibo viene ridotta fin troppo in un lasso di tempo molto breve. Tuttavia, dopo un periodo iniziale di successo, risulta sempre più complicato mantenere un regime dietetico tanto stringente, che viene così abbandonato rapidamente.

I diversi studi che sono stati condotti in merito all'effetto yo-yo ci spiegano che i responsabili di questo andamento sono molteplici. In primo luogo, bisogna capire che cosa succede al nostro corpo quando ci sottoponiamo a diete ipocaloriche: la drastica riduzione nell'assunzione di cibo causa un cambiamento nella spesa energetica giornaliera

(*Total Daily Energy Expenditure*, TDEE), che diminuisce per salvaguardare l'energia e ripristinare l'omeostasi dell'intero organismo. Ciò significa, per esempio, che i muscoli del nostro corpo inizieranno a bruciare meno calorie, al fine di preservare l'energia per il mantenimento degli organi fondamentali, come il cervello. È stato evidenziato che la diminuzione della TDEE risulta sproporzionata rispetto alla riduzione dell'apporto calorico: a un calo del 10% dell'introito di calorie attraverso il cibo si associa un calo della spesa energetica giornaliera di oltre il 25%. Ecco il motivo per cui chi si sottopone a queste diete drastiche spesso sperimenta un senso di affaticamento generale, come se «mancassero le forze» per portare a termine anche delle attività routinarie. La riduzione della TDEE può durare diversi anni dopo aver cessato la dieta ipocalorica, inficiando la perdita di peso a lungo termine. Infatti, quando si ricomincia a mangiare «normalmente», il livello di partenza del metabolismo muscolare non viene subito ripristinato e le calorie ingurgitate, al posto di essere consumate, vengono ben presto accumulate come grasso, contribuendo al recupero del peso corporeo iniziale.

Tuttavia, come probabilmente avrai già pensato, una delle cause principali del riaccumulo dei chili persi dopo una dieta è dovuto principalmente all'assunzione di cibo. Va specificato che il nostro comportamento alimentare è determinato da fattori che molto spesso prescindono il controllo cognitivo: gli ormoni circolanti possono influenzare il senso di fame o di sazietà a livello del nostro cervello senza che noi ne siamo consapevoli. Nello specifico, è nell'ipotalamo che vengono rielaborati gli stimoli periferici provenienti dalla vista, dall'olfatto, dallo stomaco e dall'intestino, e vengono inviati i segnali che ci inducono a mangiare di più oppure a limitare l'assunzione di cibo.

L'intestino gioca un ruolo cruciale nel modificare il bilancio energetico dell'intero organismo. Infatti è in grado di secernere differenti ormoni che possono agire tramite diverse vie per controllare l'assunzione di cibo e il consumo di energia. Tra gli ormoni che ci spingono a mangiare di più vi è la grelina, che agisce su più piani: promuove un rapido svuotamento dello stomaco, stimola l'appetito a livello dell'ipotalamo e facilita il consumo di carboidrati anziché di grassi da parte delle cellule. Di contro, vi sono diversi ormoni intestinali che sono in grado di limitare l'assunzione di cibo. Tra questi, le incretine (come GLP-1), che ritardano lo svuotamento dello stomaco, provocando un senso di sazietà che dura più a lungo nel tempo, e la colecistochinina, che viene rilasciata dopo i pasti, facilitando la digestione dei grassi presenti nel cibo mangiato e agendo a livello ipotalamico per incrementare il senso di sazietà e ridurre la fame.

La repentina perdita di peso associata alle diete eccessivamente ipocaloriche è spesso accompagnata da un aumento dello stimolo della fame e da una ricerca del cibo come ricompensa, che permane anche quando viene ripristinata una dieta normale. Ciò comporta un maggiore introito di calorie con conseguente accumulo di peso. Una possibile causa è da ricercarsi nell'alterata secrezione degli ormoni intestinali descritti poc'anzi. Uno studio ha analizzato i livelli di questi ormoni (e di altri che non abbiamo qui menzionato, ma che svolgono un ruolo chiave nel controllo dell'assunzione di cibo) in un gruppo di 50 individui obesi, subito dopo il completamento di una dieta dimagrante di 10 settimane e a distanza di un anno dalla stessa. Con sorpresa, è stato osservato che i cambiamenti nel rilascio degli ormoni intestinali al termine della dieta venivano mantenuti nel corso del tempo. In particolare, è stato notato un aumento dei livelli di grelina e una concomitante diminuzione delle incretine e della colecistochinina circolanti. Pertanto, un anno dopo l'iniziale perdita di peso, i livelli degli ormoni che stimolano l'appetito erano ancora molto alti, e non erano ritornati ai livelli registrati prima dell'inizio della dieta, inducendo l'organismo a mangiare di più e a riacquisire tutti i chili persi.

Di contro, laddove la perdita di peso avviene in maniera più lenta nel tempo, con una graduale riduzione nell'assunzione delle calorie, non si verificano episodi di aumento dell'appetito e la perdita di peso corporeo rimane stabile nel tempo.

Sia la diminuzione della spesa energetica giornaliera sia gli ormoni circolanti costituiscono adattamenti metabolici che si innescano a seguito di una repentina perdita di peso che persiste nel tempo. Pertanto, si può ipotizzare la presenza di una sorta di memoria «obesogenica» del nostro organismo in grado di far riacquisire con rapidità i chili persi e ripristinare così il grasso iniziale.

Ma è realmente possibile che il nostro corpo si ricordi dei chili passati e faccia di tutto per recuperarli? A quanto pare, la risposta è affermativa.

In generale, il grasso che si accumula nel nostro corpo può arrivare dall'esterno, in seguito al consumo di alimenti ricchi di lipidi, o può essere sintetizzato dalle nostre cellule. Infatti le diete ad alto contenuto di carboidrati o di proteine sono in grado di attivare la sintesi di nuovi lipidi. Questo è possibile principalmente grazie alla presenza di un fattore di trascrizione chiamato SREBP-1c (*Sterol regulatory element-binding protein 1c*). SREBP-1c, come molti altri fattori di trascrizione, è una proteina in grado di legare il DNA in alcuni siti precisi, promuovendo così l'espressione di determinati geni che svolgono funzioni ben definite nelle nostre cellule. Nello specifico, SREBP-1c regola tutti i principali responsabili della sintesi di nuovi grassi. In caso di abbondanza di carboidrati, SREBP-1c si lega al DNA e facilita l'espressione dei geni che servono per sintetizzare nuovi lipidi; in caso di digiuno, invece, i livelli di SREBP-1c diminuiscono, impedendo il legame con il DNA e bloccando la produzione di nuovi grassi. Eppure, diverse ricerche condotte sull'argomento hanno permesso di evidenziare come la situazione dicotomica finora descritta non sia realistica. Infatti il consumo di diete ipocaloriche, in cui l'apporto di carboidrati viene di solito ridotto in modo drastico, è associato con un incremento dei livelli di SREBP-1c, diversamente da quanto atteso. Nel corso di una dieta ipocalorica, SREBP-1c si trova legato al DNA, ma mancando il substrato per lo sviluppo di nuovi lipidi (i carboidrati) non è in grado di sintetizzare altri grassi. Tuttavia, non appena la dieta ipocalorica viene abbandonata in favore di una dieta normale e il consumo di carboidrati viene così ripristinato, la sintesi dei lipidi regolata da SREBP-1c riparte a gran velocità. Pertanto, SREBP-1c potrebbe essere uno dei protagonisti della memoria «obesogenica» interna alle cellule del nostro corpo, in grado di facilitare la riacquisizione dei chili perduti.

Negli ultimi anni, particolare attenzione è stata posta sul microbiota intestinale, visto come principale responsabile del benessere di tutto il nostro organismo. Come abbiamo visto, per microbiota si intendono quei batteri, funghi e virus che colonizzano il nostro intestino e ci aiutano a digerire meglio alcuni cibi, a proteggerci da malattie e a sintetizzare alcune vitamine importanti per il nostro organismo. Semplificando, il microbiota è una specie di nostro alleato per il buon funzionamento del nostro corpo. Nondimeno, è doveroso fare attenzione alle specie batteriche che colonizzano il nostro intestino: alterazioni nella loro composizione possono portare all'insorgenza di disbiosi intestinale.

La disbiosi intestinale, caratterizzata dall'incremento di specie microbiche potenzialmente dannose, è stata fortemente associata alla presenza di sovrappeso e obesità e diversi studi hanno ipotizzato una correlazione tra la «riprogrammazione» del microbiota intestinale e la perdita di peso. Tuttavia, le ricerche in merito a una possibile associazione tra gli effetti della dieta yo-yo, la perdita di peso e la salute del nostro intestino sono solo agli inizi. Ciononostante, esse hanno rivelato alcune importanti informazioni.

Tra le conseguenze della dieta yo-yo, oltre alla riacquisizione del peso al termine della dieta, si è osservata anche una diversa composizione del microbiota intestinale, che permane per lungo tempo. Uno studio preclinico ha evidenziato che i cambiamenti del microbiota intestinale che si manifestano al termine di una dieta ipocalorica con conseguente perdita di peso perdurano per un tempo pari a circa cinque volte la durata della dieta. Per esemplificare, se la nostra dieta dura circa dieci settimane, ci vorrà più di un anno per ristabilire il nostro microbiota a uno stato «normale». Pertanto, sebbene la perdita di peso di un individuo obeso possa manifestarsi poco dopo l'inizio della dieta, dando l'impressione di un miglioramento immediato della salute metabolica, il microbiota intestinale richiede dei tempi di restrizione calorica molto più lunghi per modificarsi e acquisire uno stato di «pre-obesità».

Da uno studio clinico condotto su donne obese che si sono sottoposte a una dieta con restrizione calorica per circa un mese è emerso che non vi è stata una sostanziale modificazione del microbiota intestinale, nonostante la perdita di peso e una riduzione dell'infiammazione sistemica, una peculiarità associata all'eccessivo accumulo di grasso. Tuttavia, a ben vedere, il rapporto tra le diverse specie batteriche che compongono il microbiota intestinale variava considerevolmente. In particolare, si notava una riduzione dei *Proteobacteria*, un ceppo associato a condizioni di infiammazione intestinale, e un concomitante aumento di specie batteriche correlate con una ridotta fibrogenesi a livello del fegato, una delle caratteristiche principali della steatosi epatica non causata dall'assunzione di alcol. Pertanto, nonostante non si osservassero alterazioni macroscopiche del microbiota intestinale, cambiava la distribuzione della sua composizione, favorendo quelle specie batteriche in grado di apportare miglioramenti metabolici.

Analogamente, un trial clinico (PREVIEW), che ha visto la partecipazione di oltre duecento individui sovrappeso a cui sono stati sono stati somministrati alimenti a basso apporto energetico (circa il 50% in meno di una normale dieta), ha rilevato un sostanziale cambiamento nella composizione del microbiota intestinale in termini di ricchezza e diversità, ovvero sono state riscontrate molte più specie batteriche differenti tra di loro. In particolare, da questo studio è emerso che cambiamenti a livello del microbiota intestinale erano in grado di predire la perdita di grasso corporeo negli individui sottoposti a una dieta a basso apporto energetico.

Uno dei meccanismi mediante cui il microbiota intestinale contribuisce alla salute dell'intero organismo è la produzione di acidi grassi a catena corta (*Short Chain Fatty Acids*, SCFAs). Gli acidi grassi a catena corta rappresentano uno dei principali metaboliti prodotti dai batteri del colon e sono in grado di influenzare diversi processi metabolici del nostro organismo. Infatti essi aumentano la motilità intestinale, favorendo un rapido passaggio del cibo digerito attraverso il nostro corpo, contribuiscono alla diminuzione dell'infiammazione e incrementano il tasso di lipolisi, ossia di scioglimento dei grassi a livello del tessuto adiposo. Inoltre, gli acidi grassi a catena corta costituiscono uno stimolo potente per la secrezione delle incretine e della colecistochinina, giocando così un ruolo chiave nella determinazione degli stimoli di appetito e sazietà. È stato osservato, come detto, che la rapida perdita di peso associata alle diete ipocaloriche comporta un'alterazione del microbiota intestinale, con conseguente riduzione degli acidi grassi a catena corta.

Di conseguenza, si assiste anche a una minore produzione di quegli ormoni responsabili del senso di sazietà, aumentando di contro quello di fame. Ciò potrebbe spiegare perché il microbiota intestinale sia in grado di giocare un ruolo chiave nella regolazione di questi processi, contribuendo, come abbiamo visto, all'effetto yo-yo.

Ulteriori studi su microbiota e dieta yo-yo hanno permesso di evidenziare l'importanza di alcuni composti nel limitare la riacquisizione del peso al termine di una dieta. Va sottolineato che molti di questi studi sono stati condotti a livello preclinico, poiché tenere sotto controllo tutti i molteplici aspetti che concorrono a determinare gli effetti della dieta yo-yo nell'uomo è piuttosto difficile. Tra i composti che proteggono dall'effetto yo-yo e diminuiscono la possibilità di riacquisire i chili perduti vi sono i flavonoidi. Questi sono una classe di pigmenti vegetali appartenenti alla famiglia dei polifenoli che si ritrovano in mele, frutti di bosco, uva, caffè e tè, la cui assunzione è stata correlata a effetti benefici per il nostro organismo, quali il rinforzo del sistema immunitario e la prevenzione di malattie cardiovascolari e tumorali. Inoltre, i flavonoidi hanno la capacità di modificare il nostro microbiota intestinale, limitando l'effetto yo-yo. Infatti, è stato visto che la supplementazione di flavonoidi al termine della dieta, ossia quando si ritorna a mangiare in modo «normale», rallenta la riacquisizione dei chili perduti, facilitando il mantenimento del nuovo peso corporeo nel tempo. Questo è in parte dovuto al fatto che i flavonoidi sono in grado di incrementare la spesa energetica giornaliera mediante l'induzione di una proteina termogenica capace di convertire l'energia in eccesso in calore (si tratta del processo di termogenesi di cui abbiamo già parlato). Tuttavia, va specificato che l'assunzione di flavonoidi in condizioni normali, ossia senza essere sottoposti a una dieta ipocalorica, non sembra sortire lo stesso benefico effetto, dal momento che l'azione dei flavonoidi è mediata dal cambiamento del microbiota intestinale indotto dalla dieta.

In uno studio pubblicato nel 2022, all'assunzione della dieta ipocalorica è seguita la somministrazione di diverse tipologie di diete con una composizione di carboidrati, lipidi e proteine differenti. Quasi tutte queste diete hanno indotto un rapido accumulo di grassi, attribuibile in gran parte all'aumentato assorbimento intestinale dei lipidi. Ma perché il nostro intestino assorbe più grassi? Gli autori di questo studio affermano che tornare a mangiare normalmente dopo aver perso peso in fretta a causa di una dieta ipocalorica produce l'aumento di un batterio intestinale chiamato *Lactobacillus*, in grado di contribuire all'incrementato assorbimento intestinale di grassi e, di conseguenza, della massa grassa corporea. I livelli di *Lactobacillus* nel nostro intestino possono essere controllati. Difatti se a seguito di una dieta ipocalorica viene somministrato un regime dietetico di mantenimento con un alto contenuto di proteine, saremo in grado di limitare la crescita del *Lactobacillus*, diminuendo così l'assorbimento di lipidi e l'accumulo di grasso.

In generale, le alterazioni del microbiota intestinale associate con interventi dietetici mirati al dimagrimento sono state positivamente correlate a un ridotto accumulo di grasso corporeo nel breve periodo, ma anche a una concomitante maggiore suscettibilità di riacquisire il peso perduto con la dieta. Queste osservazioni sono di primaria importanza al fine di disegnare delle strategie dietetiche che consentano non solo di perdere i chili di troppo, ma anche di mantenere il peso corporeo raggiunto con la dieta per un lasso di tempo abbondante. Probabilmente studi futuri ci diranno che per far perdurare la perdita di peso sarà necessario rimodulare il microbiota intestinale attraverso interventi farmacologici o nutrizionali, in modo da selezionare le specie batteriche più opportune per modificare quegli ormoni intestinali che aumentano il senso di sazietà e diminuiscono quello di fame, mentre viene incrementata la spesa energetica dell'intero organismo.

Vorrei fare un'ultima considerazione, prima di concludere questo capitolo sull'effetto yo-yo. Mi è accaduto sovente che molti pazienti in sovrappeso mi riportassero le loro osservazioni rispetto alla pancia che aumenta e diminuisce nell'arco di poche ore, spesso in relazione a ciò che mangiano. Questo cambiamento repentino non è associato a una perdita di peso di per sé, o a una riduzione del grasso corporeo, bensì alla presenza di gas a livello intestinale. Frequentemente questa percezione di gonfiore addominale è accompagnata da dolori più o meno intensi che possono avere un impatto anche profondo sulle condizioni di vita. In generale, questa sensazione può essere causata sia da problemi digestivi che da fluttuazioni ormonali. Di norma, in seguito alla digestione di alcuni cibi vengono prodotti dei gas a livello addominale. Ciò avviene a opera di alcuni batteri che compongono il nostro microbiota intestinale e che sono responsabili della digestione dei carboidrati, un processo generalmente noto con il termine di fermentazione. Tuttavia, se c'è troppo gas nel nostro intestino, potrebbe esserci un'eccessiva fermentazione a opera dei batteri intestinali.

Ma perché questo avviene solo in determinate condizioni? Le risposte plausibili sono diverse. È possibile che, mangiando, si siano introdotti troppi carboidrati che il nostro intestino non è stato in grado di assorbire, lasciandoli a disposizione dei batteri per i processi di fermentazione. Oppure è possibile che il cibo sia stato introdotto con troppa velocità nel nostro corpo, o che soffriamo di patologie gastrointestinali, quali la sindrome dell'intestino irritabile o un malassorbimento dei carboidrati (nota bene, entrambe queste condizioni devono essere diagnosticate da un medico, non è valido il fai da te). Infine, è possibile che il gonfiore addominale sia correlato ai cambiamenti ormonali: ben tre donne su quattro lamentano di «avere aria nella pancia» prima e durante il periodo mestruale. Recentemente, una paziente che ho visitato mi ha riferito che la stessa pizza mangiata a distanza di quindici giorni ha avuto effetti del tutto differenti sul suo corpo: se la prima volta la digestione è avvenuta senza problemi, la seconda volta la paziente ha lamentato la presenza di molto gonfiore a livello addominale. Eppure, era la stessa pizza, mangiata nella stessa pizzeria, preparata dallo stesso pizzaiolo. Perché questo diverso effetto? Probabilmente, i sintomi lamentati da questa paziente sono correlabili alla presenza di due classi di ormoni, gli estrogeni e il progesterone, che svolgono un ruolo predominante nel regolare il ciclo mestruale nella donna. Estrogeni e progesterone possono interagire con il sistema digestivo aumentando o diminuendo la motilità dell'intestino e favorendo così la sensazione di gonfiore intestinale. Pertanto, un modo per evitare un eccessivo gonfiore è rinunciare a un elevato consumo di carboidrati durante il periodo perimestruale, al fine di limitare i processi di fermentazione intestinale.

In generale, un buon consiglio per tutti coloro che hanno sperimentato questa pancia che va su e giù (ma non per colpa del grasso!) è di aumentare il consumo di fibre. Sebbene queste inizialmente possano causare un aumento del gonfiore addominale, a lungo andare svolgono un effetto benefico perché consentono di ripulire l'intestino dal materiale fecale bloccato. Inoltre, stimolando la sete, le fibre comunicano al nostro corpo l'importanza di bere più acqua, che da un lato aiuta a raggiungere prima la sensazione di sazietà, e dall'altro facilita lo svuotamento dell'intestino, impedendo la progressione di processi di fermentazione intestinale. Infine, le fibre rappresentano un ottimo prebiotico che ci aiuta a nutrire e a selezionare i batteri buoni per il nostro organismo.

Come abbiamo potuto vedere, anche in questo caso il microbiota gioca un ruolo fondamentale nel determinare una pancia gonfia o meno. Come per la dieta effetto yo-yo, anche nel caso del gonfiore addominale è possibile modificare la composizione del nostro microbiota intestinale attraverso trattamenti mirati, come per esempio l'utilizzo di prebiotici o postbiotici, al fine di selezionare quelle specie batteriche che hanno un effetto benefico per l'intero nostro organismo.

Insomma, come mi piace dire: «Trattiamo bene il nostro intestino, per trattare bene tutto il nostro organismo!».

VII

Le soluzioni: il cibo

I disturbi nell'interazione intestino-cervello, precedentemente noti come disturbi gastrointestinali funzionali, colpiscono circa il 40% della popolazione mondiale, e tra questi il gonfiore addominale è uno dei più frequenti ed è in grado di modificare sostanzialmente la qualità della vita di un paziente. Secondo i criteri Roma IV (una serie di criteri stabiliti da esperti internazionali per diagnosticare i disordini funzionali gastrointestinali), con gonfiore o distensione addominale funzionale ci si riferisce al gonfiore ricorrente (una sensazione di pienezza addominale, di pressione come se ci fosse del gas intrappolato) e/o alla distensione (un aumento misurabile della circonferenza addominale) che si verifica in media almeno un giorno alla settimana. Inoltre, si possono riscontrare anche un lieve dolore addominale correlato al gonfiore e piccole anomalie del movimento intestinale. La quasi totalità dei pazienti con sindrome dell'intestino irritabile (IBS) riferisce gonfiore e distensione addominale. Le cause possono essere molteplici e le abbiamo già discusse: microbiota alterato, motilità gastrointestinale anomala, disfunzione del pavimento pelvico. In questo contesto, uno stile di vita molto attento all'alimentazione può rappresentare una valida soluzione per contrastare il re addominale. Già nel IX secolo, il medico persiacenna nel suo libro *Il canone della medicina* affermava che i sei principi di vita (la qualità dell'aria respirata, l'alimentazione, il ciclo sonno/veglia, l'attività fisica, la salute mentale e l'eliminazione dei rifiuti dal corpo) sono fondamentali per preservare un buono stato di salute. Per esempio, egli sosteneva che i disturbi della digestione, in particolare quando lo stomaco è molto debole, possono causare una condizione cerebrale chiamata melanconia. Oggigiorno sappiamo che il gonfiore è significativamente correlato a stati psicologici come depressione grave, attacchi di panico e problemi con il sonno. Avicenna riteneva che l'assunzione di cibi caldi e umidi favorisse la produzione di gas e ne classificava le cause in quattro gruppi: fattori nutrizionali, di stile di vita, intra-addominali e vari. Inoltre, sosteneva che ci fosse una classificazione anatomica per il gonfiore; credeva infatti che il gonfiore situato nella parte superiore dell'addome causasse rutti, gonfiore gastrico, singhiozzo e mal di stomaco, e che il gas intestinale fosse responsabile di rumori intestinali, borborigmi, evacuazione anale e talvolta forti dolori addominali. L'antico medico credeva che il gonfiore derivasse da quattro abitudini alimentari: consumo di alimenti flatulenti come fagioli e piselli, di frutta con elevato contenuto di acqua come cetrioli e anguria, di cibo stantio, affumicato, salato, andato a male e infine di abbuffate. Secondo Avicenna, un'altra causa dei disturbi digestivi era rappresentata dal consumo di un cibo leggero (facile da digerire) ingerito insieme o subito dopo un cibo pesante (difficile da digerire). A conferma della tesi del medico persiano, alcuni studi hanno dimostrato che un pasto a bassa viscosità, che raggiunge il duodeno prima di un pasto ad alta viscosità, stimola la secrezione di colecistochinina, aumentando lo svuotamento gastrico totale e portando a disturbi digestivi insieme a dispepsia (sensazione di dolore nella parte superiore dell'addome). Le soluzioni proposte da Avicenna per trattare il gonfiore si basavano sul divieto di bere acqua mentre si mangia, evitare sottaceti e cibi flatulenti, avere una buona igiene del sonno, praticare attività fisica, prevenire problemi psicologici e cercare di avere una defecazione appropriata. Nel suo libro consigliava ben trentotto piante medicinali per curare il gonfiore, come, per esempio, la menta e il cumino, utilizzate ancora oggi.

Quindi, le antiche soluzioni sono ancora valide? Quali sono i cibi che possono ridurre o prevenire il gonfiore addominale? In linea con le affermazioni di Avicenna, è stato dimostrato che l'olio di menta piperita esercita un effetto benefico sui canali al calcio della muscolatura liscia dell'intestino e sui recettori degli oppioidi, portando al rilassamento muscolare, a cambiamenti nelle contrazioni o nella motilità e all'alterazione della sensibilità al dolore. Uno studio su pazienti con IBS ha attestato che il trattamento con olio di menta piperita migliorava i sintomi del disturbo, compreso il dolore addominale. Per decenni i medici hanno consigliato il consumo di fibre alimentari per il trattamento della sindrome dell'intestino irritabile. Le fibre, in generale, hanno effetti sulla motilità intestinale e sul microbiota. Le fibre solubili si mescolano con l'acqua, creando una sostanza gelatinosa, che viene digerita dai batteri e migliora la viscosità delle feci, mentre le fibre insolubili aumentano il volume delle feci. Uno studio condotto su 1048 pazienti con sindrome dell'intestino irritabile ha dimostrato che l'assunzione di fibre solubili come il *Psyllium* o l'acacia migliorava il gonfiore addominale; al contrario, la crusca, una fibra insolubile, non aveva alcun effetto benefico, quindi bisogna prestare grande attenzione al tipo di fibre che si integrano nell'alimentazione. Un altro mito da sfatare è che i colpevoli dei sintomi gastrointestinali siano gli alimenti con un alto contenuto di grassi e spezie. Uno studio condotto su circa duecento pazienti svedesi con IBS ha dimostrato che i cibi che scatenavano i problemi gastroenterici non erano quelli grassi bensì quelli molto ricchi di carboidrati e istamina. L'istamina e altre ammine biogene si trovano nel pesce, nei cibi fermentati, nelle verdure, nel vino e nella birra. Livelli elevati di istamina possono provocare sintomi come nausea, dolore addominale e diarrea.

È doveroso sottolineare che non basta aggiungere o eliminare un singolo alimento dalla propria alimentazione, ma è lo stile di vita che fa la differenza per migliorare la condizione di salute dell'organismo. Tuttavia, non esistono linee guida dietetiche per il trattamento del gonfiore addominale a causa della mancanza di studi su questa condizione specifica. Quindi cosa fare? Il Web è pieno di proposte allettanti: diete sgonfia-pancia che accelerano il metabolismo attraverso la riduzione del consumo di carboidrati, come la Atkins, la dieta chetogenica, la mima-digiuno, il digiuno intermittente. Cosa scegliere? Di sicuro bisogna affidarsi a un esperto del settore evitando il fai da te, cercando di personalizzare il più possibile la dieta che si sceglie di seguire.

Cerchiamo di fare chiarezza e di capire cosa afferma la letteratura scientifica. Le *time-restricted eating* (TRE) sono diete basate sul principio che non solo la quantità di cibo ma anche il momento della giornata in cui si mangia sia di fondamentale importanza per il benessere dell'organismo, e sono principalmente utilizzate per la riduzione del peso corporeo. È stato dimostrato che adulti in sovrappeso e obesi senza malattie metaboliche che mangiano di norma in un arco temporale di massimo 14 ore possono ottenere una perdita di peso in circa 12 settimane. I piani TRE differiscono nella finestra temporale che consente il consumo di pasti, modulando il grado di efficacia. Per esempio, uno studio condotto su 23 persone obese ha dimostrato che il piano TRE di 8 ore (assunzione di cibo senza limiti tra le 10 e le 18, digiuno con assunzione di sola acqua tra le 18 e le 10) per 12 settimane determina una riduzione del 3% del peso corporeo e un miglioramento dei livelli di pressione sanguigna sistolica. Risultati paragonabili sono stati ottenuti da un piano TRE di 10 ore per 16 settimane. Inoltre, un piano TRE di 16 ore per 25 giorni è in grado di attivare i geni responsabili della regolazione dei ritmi circadiani e aumentare la presenza di specie batteriche antiobesità nel microbiota intestinale attraverso la sirtuina 1. Bisogna sottolineare che, nella grande maggioranza dei casi, i piani TRE obbligano a saltare la colazione, prolungando il digiuno mattutino, e diventano difficoltosi da seguire a lungo termine, interferendo con le scelte di stile di vita e/o con gli orari di lavoro.

Un altro approccio dietetico di cui si parla tanto è quello del digiuno intermittente. Ci sono tre tipi principali di digiuno intermittente: digiuno a giorni alterni, in cui non è consentito alcun alimento calorico nei giorni indicati; digiuno a giorni alterni al 25%, in cui nei giorni di digiuno è consentito il 25% del fabbisogno calorico abituale; digiuno 5:2, in cui sono consentiti alimenti ipocalorici o a zero calorie per 2 giorni alla settimana ed è possibile consumare cibo *ad libitum* nei restanti 5 giorni della settimana. Questo tipo di regime dietetico può portare a lievi effetti avversi, come sensazione di freddo, mal di testa, mancanza di energia e occasionali vertigini. Nonostante sia sicuro per la maggior parte degli individui, è necessario affidarsi a un professionista qualificato, soprattutto se si soffre di patologie come il diabete di tipo 2 e si assumono farmaci e di conseguenza si è più a rischio di ipoglicemia nei giorni di digiuno. Infine, tra le diete «associate al digiuno», non si può non menzionare la dieta mima-digiuno, a base vegetale, povera di proteine e di zuccheri, ma relativamente ricca di grassi, sviluppata per essere seguita in cicli periodici che variano da ogni due settimane a mesi, per un arco di tempo di 4-7 giorni. Una dieta mima-digiuno seguita per 5 giorni nel primo giorno fornisce circa il 55% dell'apporto calorico giornaliero raccomandato e il 35% nei giorni successivi. Questa dieta ha dimostrato effetti benefici in modelli animali e sull'uomo ha migliorato i livelli di alcuni marcatori di malattia e fattori legati all'invecchiamento cellulare. Studi condotti su pazienti con malattia infiammatoria intestinale (IBD) hanno mostrato che circa il 15-40% degli adulti con IBD è obeso e il 20-40% è in sovrappeso, suggerendo quindi che l'obesità potrebbe contribuire alla patogenesi dell'IBD, promuovendo la disfunzione della barriera intestinale e determinando così la traslocazione batterica.

Questi studi indicano che la composizione nutrizionale della dieta mima-digiuno, e non solo la restrizione calorica a essa associata, è in grado di migliorare il microbiota intestinale e promuovere meccanismi antinfiammatori. Tuttavia, nonostante risultati promettenti, mancano degli studi clinici che chiariscano l'effetto di questa dieta sull'intestino e sulle malattie correlate. In generale, gli interventi dietetici che prevedono una qualche forma di digiuno sono emersi come potenziali regimi terapeutici per la prevenzione di una vasta gamma di patologie; sono però necessari studi a lungo termine per confermare i loro effetti duraturi sulla salute. Inoltre, bisogna considerare che consumare cibo all'interno di una finestra temporale stabilita può essere molto impegnativo. Un recente studio ha monitorato i soggetti aderenti a queste diete per i successivi 6 e 12 mesi, osservando che le differenze nella perdita di peso ottenute erano modeste e che nei 12 mesi successivi alla dieta il peso bruciato veniva ripreso. Nel complesso, nonostante la potenziale efficacia di queste diete nel ridurre il peso corporeo, la scelta di un piano di perdita di peso dovrebbe basarsi sulla capacità di ogni paziente di aderirvi.

In questa panoramica sui regimi dietetici non è possibile non menzionare la dieta chetogenica, divenuta sempre più popolare negli ultimi anni fino al 2020, quando è stata il piano alimentare più cercato su Google negli Stati Uniti. Riconosciuta come una dieta seguita dalle celebrità e pubblicizzata su riviste di salute e da documentari, l'industria alimentare «chetogenica» è cresciuta rapidamente; basti pensare che, nel 2019, il mercato globale dei prodotti chetogenici è stato valutato circa nove miliardi di dollari. Il principio su cui si basa la dieta chetogenica è la riduzione dei livelli di carboidrati alimentari, incrementando i livelli di proteine e grassi. Nel dettaglio, la dieta chetogenica classica è definita come una dieta con 1 g di proteine per chilogrammo di peso corporeo, 10-15 g di carboidrati al giorno e la restante parte di calorie necessarie proveniente dai grassi. Quindi la si potrebbe definire una dieta a basso contenuto di carboidrati e ad alto contenuto di grassi che, in questo caso, forniscono circa il 90% dell'energia necessaria al nostro organismo. L'obiettivo di questa dieta è quello di cambiare il «carburante» del nostro corpo, passando dagli zuccheri ai grassi e producendo i corpi chetonici. Cerchiamo di capire cosa accade al nostro organismo. Quando la quota di carboidrati disponibile si riduce, il nostro organismo inizia a utilizzare le scorte di zuccheri immagazzinate sotto forma di glicogeno, che si esauriscono in pochi giorni. Terminate le scorte, il grasso immagazzinato diventa il carburante più facilmente disponibile, pertanto vengono prodotti acidi grassi liberi, che rappresentano la materia prima per la formazione di corpi chetonici da parte del fegato. La dieta chetogenica abbassa i livelli di glucosio nel sangue e determina una riduzione del peso corporeo. Inoltre, bisogna sottolineare che la produzione di corpi chetonici promuove una diminuzione delle specie batteriche che popolano il nostro microbiota intestinale, incrementando batteri benefici come *Akkermansia muciniphila* e *Lactobacillus*, e riducendo specie batteriche pro-infiammatorie come *Desulfovibrio* e *Turicibacter*. Un recente studio clinico ha dimostrato che l'aderenza a una dieta chetogenica per lungo periodo favorisce la disbiosi incrementando, soprattutto in pazienti con problemi intestinali, una flora batterica ricca di batteri solfato-riducenti (dannosi per il nostro intestino). Pertanto, nei pazienti con disbiosi dimostrata, potrebbe essere utile affiancare alla dieta chetogenica un'integrazione con prebiotici o probiotici, per tentare di ripristinare l'equilibrio del microbiota. Sebbene la dieta chetogenica sia molto popolare e i pazienti dimostrino grande interesse, il ricorso a essa deve essere valutato con cautela. Ci sono dati che mostrano una importante perdita di peso a breve termine, ma la maggior parte degli studi suggerisce che a lungo termine la sua efficacia è paragonabile ad altre diete ipocaloriche. Bisogna considerare che questo dato può essere dovuto alla difficoltà di aderenza a lungo termine a un modello alimentare così restrittivo. Inoltre, parte del peso perso durante il periodo iniziale può essere correlato alla perdita di acqua, anziché alla vera e propria perdita di grasso. Per quanto riguarda i pazienti con diabete di tipo 2, è possibile che la dieta chetogenica diminuisca i livelli di emoglobina glicata, contribuendo quindi a ridurre l'assunzione di farmaci antidiabetici, ma è necessario farsi seguire da un professionista. Inoltre, alcuni studi dimostrano un miglioramento dei livelli di HDL e trigliceridi e un profilo variabile di LDL, probabilmente a causa delle differenze nel tipo di grasso contenuto nella dieta di ogni persona. In generale, coloro che sono interessati alla dieta chetogenica dovrebbero essere incoraggiati a limitare il consumo di grassi saturi e a integrare un adeguato consumo di frutta e verdura per mantenere l'assunzione di micronutrienti e fibre.

Molti pazienti che soffrono di disturbi dell'interazione intestino-cervello tengono diari alimentari e provano diete di esclusione basate sui fattori scatenanti. In base al proprio diario alimentare si sceglie di scartare un alimento e dopo un periodo di esclusione lo si reintroduce per verificare se produce l'effetto indesiderato. Molti pazienti con IBS attribuiscono i loro sintomi all'intolleranza al latte e ai latticini, intolleranza spesso autoriferita e non corredata da prove oggettive di malassorbimento, come il Breath test. Non ci sono studi clinici validi che dimostrino gli effetti benefici dell'eliminazione del lattosio in questi pazienti.

Un altro «colpevole» della sindrome dell'intestino irritabile è il glutine. L'attenzione alla celiachia o all'intolleranza al glutine è aumentata drasticamente, riflettendo la marcata crescita dell'industria alimentare del senza glutine. Inoltre, si è diffusa nella popolazione generale la credenza che aderire a una dieta senza glutine possa portare a benefici sulla salute complessiva, e il numero di persone che hanno evitato il glutine nel periodo 2009-2014 è triplicato. La celiachia e l'allergia al grano sono considerate le due principali malattie correlate al glutine. La diagnosi di celiachia richiede parametri clinici, sierologici e istologici, mentre la diagnosi di allergia al grano richiede i tipici sintomi allergici associati all'assunzione di grano e la presenza di anticorpi IgE specifici. Negli ultimi anni è stato descritto un aumento considerevole della sensibilità al glutine nonostante la mancanza di diagnosi di celiachia, attribuendo all'alimento un ruolo chiave nei disturbi dell'interazione intestino-cervello. A conferma di questo dato, molti pazienti con IBS segnalano sintomi gastrointestinali ed extra-intestinali dopo l'ingestione di glutine. I Salerno Experts' Criteria hanno definito la sensibilità al glutine come una condizione caratterizzata da sintomi intestinali, i più frequenti dei quali sono gonfiore e dolore addominale, e sintomi extra-intestinali correlati all'ingestione di alimenti contenenti glutine in soggetti in cui sono già state escluse la celiachia e l'allergia al grano. Pertanto, la dieta senza glutine potrebbe essere un valido alleato per combattere il gonfiore addominale. Un valore limite per definire la contaminazione da glutine che potenzialmente genera sintomi e/o alterazioni istologiche nei pazienti celiaci è 10 mg di glutine o 500 g di cibo contenente 20 mg/Kg di glutine. Tuttavia, esiste un enorme grado di variabilità all'interno di questa popolazione, poiché alcuni pazienti possono presentare l'appiattimento dei villi intestinali (estroflessioni della mucosa intestinale, che aumentano la superficie dell'organo per incrementare l'assorbimento dei nutrienti) anche con un'esposizione giornaliera al glutine molto bassa. Non esiste, invece, un valore di riferimento per i soggetti con sensibilità al glutine.

Si ritiene che l'assunzione giornaliera media di glutine vari da 5 a 20 g/giorno, con il pane a base di grano come una delle principali fonti di glutine (ogni fetta di pane contiene circa 4 g di glutine). Una rigorosa aderenza alla dieta senza glutine è l'unico trattamento sicuro e raccomandato per i pazienti con celiachia, mentre per i pazienti con sensibilità al glutine e disturbi dell'interazione intestino-cervello non è tutto così chiaro.

La dieta senza glutine consiste nell'esclusione completa di grano, segale, orzo e avena (a causa della sua contaminazione durante la lavorazione). Purtroppo, questa dieta non ha soltanto effetti benefici: difatti quando si elimina il glutine i pazienti possono ridurre la varietà, l'equilibrio e il valore nutrizionale della loro dieta, poiché i prodotti privi di glutine sono spesso poveri di fibre, vitamine e altri micronutrienti come calcio, ferro e magnesio. I prodotti senza glutine disponibili in commercio molto spesso sono arricchiti per ridurre il rischio di squilibri nutrizionali, ma contengono anche livelli più elevati di lipidi, grassi trans, proteine e sale. Numerosi studi hanno dimostrato che una dieta priva di glutine può portare a un aumento del colesterolo totale (LDL), di glicemia a digiuno e dell'indice di massa corporea. Pertanto, la migliore soluzione da proporre per questi pazienti è una combinazione di dieta mediterranea e dieta senza glutine, dove il «naturalmente senza glutine» si associa ai principi della dieta mediterranea. Inoltre, è stato dimostrato che nei pazienti celiaci, anche dopo due anni di dieta senza glutine, permane un'alterazione del microbiota intestinale, con una riduzione delle specie batteriche. Sebbene alcuni batteri potenzialmente patogeni come *Escherichia coli* e *Staphylococcus* risultino diminuiti dopo la dieta, i livelli di specie benefiche come *Bifidobacterium* e *Lactobacillus* restano bassi. Quindi la dieta senza glutine non riesce a ripristinare un corretto microbiota intestinale anche in assenza di malattia, e l'integrazione con prebiotici o probiotici potrebbe migliorare la gestione clinica dei pazienti celiaci.

Per quanto riguarda la potenziale efficacia della dieta senza glutine su gonfiore e distensione addominale, bisogna sottolineare che sono stati effettuati pochi studi clinici. Un'analisi condotta su 34 pazienti con IBS sottoposti a dieta senza glutine ha dimostrato un significativo peggioramento dei sintomi, tra cui il gonfiore, in seguito all'ingestione di glutine per 6 settimane. Inoltre, in un altro studio clinico, 72 pazienti con IBS sono stati sottoposti a dieta senza glutine per 6 settimane, e in seguito hanno ingerito glutine; in questi pazienti tutti i sintomi, tra cui il gonfiore, sono migliorati significativamente durante la dieta senza glutine e sono aumentati una settimana dopo la sua reintroduzione. Al contrario, un altro studio non ha prodotto risultati significativi, suggerendo che attualmente non ci sono prove sufficienti per raccomandare una dieta senza glutine per ridurre il gonfiore e la distensione addominale. Un recente studio clinico ha esaminato gli effetti di 4 settimane di dieta senza glutine, dieta low-FODMAP (di cui parleremo a breve) e dieta tradizionale bilanciata (per un totale di 12 settimane) su 42 pazienti con IBS, mostrando un effetto benefico sul gonfiore in tutti e tre i casi. Il confronto delle tre diete ha rivelato una maggiore capacità della dieta low-FODMAP rispetto alle altre nella riduzione del gonfiore addominale. Una spiegazione delle prove poco convincenti a sostegno di una dieta senza glutine potrebbe essere che i sintomi non siano dovuti solo al glutine, ma anche ad altri componenti dei prodotti a base di grano che possono causare gonfiore, come i fruttani (un polimero di molecole di fruttosio), presenti in molti alimenti e cereali, tra cui grano, orzo, segale, cipolle e aglio.

Per questo motivo, una dieta low-FODMAP potrebbe essere la più adatta per questi pazienti. In cosa consiste? La low-FODMAP è stata ideata con l'intento di ridurre i carboidrati fermentabili non assorbiti dall'organismo. Con il termine FODMAP si intendono gli oligo-, di- e monosaccaridi fermentabili e i polioli, cioè alcuni zuccheri contenuti in cipolle, scalogno, aglio, orzo, cavolo, carciofo, asparagi, fagioli e ceci (oligosaccaridi), mele, pere, anguria e mango (monosaccaridi, come il fruttosio), sorbitolo, mannitolo e altri dolcificanti artificiali (polioli). I FODMAP sono scarsamente assorbiti a livello dell'intestino tenue e vengono scomposti dai batteri in acidi grassi a catena corta (SCFAs) che aumentano le secrezioni intestinali e il contenuto di acqua. Nei soggetti sani, generalmente, i FODMAP non causano problemi, ma in soggetti con IBS possono indurre sintomi gastrointestinali come dolore, gonfiore e movimenti intestinali alterati. Un alimento povero di FODMAP deve contenere:

- meno di 0,3-0,2 g/porzione di oligosaccaridi;
- meno di 0,4 g/porzione di polioli;
- meno di 0,4 g/porzione di fruttosio;
- meno di 1 g/porzione di lattosio.

La dieta low-FODMAP consta di tre fasi. Nella prima fase, che di solito dura 2-8 settimane, l'obiettivo è limitare l'assunzione di alimenti ad alto contenuto di FODMAP, sostituendoli con alimenti a basso contenuto di FODMAP facenti parte dello stesso gruppo alimentare. Nella seconda fase, si introducono gli alimenti ad alto contenuto di FODMAP, uno alla volta, in maniera graduale, ogni 2-3 giorni, con l'obiettivo di identificare l'alimento che scatena i sintomi intestinali e di reintrodurre gli alimenti tollerati. Nella terza e ultima fase, si instaura una dieta di mantenimento personalizzata, evitando alimenti che causano sintomi gravi e reintroducendo quelli ben tollerati contenenti FODMAP. Nell'ultimo decennio studi clinici hanno dimostrato che la prima fase della dieta è efficace per contrastare i sintomi dell'IBS. Un'analisi su circa 300 pazienti con IBS ha provato che la dieta low-FODMAP riduce il gonfiore e gli altri sintomi gastrointestinali dopo 3-6 settimane. Numerosi studi clinici hanno inoltre accertato l'efficacia della dieta low-FODMAP su gonfiore e distensione addominale, anche in condizioni differenti dalla IBS. Un'analisi su pazienti con colite ulcerosa sottoposti a dieta low-FODMAP per 8 settimane ha dimostrato una riduzione del 56% del gonfiore addominale già dopo 2 settimane. Pazienti con dispepsia sono stati sottoposti a dieta low-FODMAP, ed è stato osservato un significativo miglioramento del gonfiore addominale. Questa dieta modifica il microbiota intestinale, con una diminuzione delle specie batteriche benefiche come *Bifidobacterium*, *Actinobacteria* e *Faecalibacterium prausnitzii*, probabilmente a causa della riduzione di sostanze prebiotiche assunte attraverso l'alimentazione. Difatti, la concentrazione di queste specie batteriche viene ripristinata 10 giorni dopo il reintegro di frutto-oligosaccaridi. Bisogna sottolineare che l'aderenza a questa dieta può risultare molto difficile, in quanto l'eliminazione di latticini, prodotti a base di grano, alcuni tipi di frutta e verdura e dolcificanti può rendere le opzioni alimentari piuttosto limitate, motivo per cui sia le linee guida del National Institute for Health and Care Excellence sia quelle dell'American College of Gastroenterology raccomandano una low-FODMAP per la gestione dei pazienti con IBS, sottolineando la necessità di un professionista qualificato che monitori i pazienti durante il percorso e che personalizzi un regime alimentare equilibrato, vario e minimamente restrittivo.

VIII

Le soluzioni: il movimento

> «Se fossimo in grado di fornire a ciascuno la giusta dose di nutrimento ed esercizio fisico, né in difetto né in eccesso, avremmo trovato la strada per la salute.»
>
> IPPOCRATE (460 a.C.-377 a.C.)

Il principio che hai appena letto, enunciato dal padre della medicina, denota come, già ai suoi tempi, fosse chiara una verità tanto semplice quanto rivoluzionaria: la via per il raggiungimento della salute è nell'equilibrio tra energia spesa ed energia assunta, unito alla consapevolezza che ogni individuo è unico e richiede una «dose» su misura, cucita sulle proprie specifiche esigenze.

L'energia assunta, come potete facilmente intuire, è quella che il nostro organismo ricava dalla demolizione dei macronutrienti introdotti con l'alimentazione (carboidrati, lipidi e proteine).

Il concetto di energia spesa, invece, è meno intuitivo e si articola in tre diverse componenti. Il tasso metabolico basale (*Basal Metabolic Rate*, BMR) costituisce la componente più significativa del dispendio energetico giornaliero, o TDEE (come l'avevamo chiamato nel capitolo VI), variando tra il 60 e il 70% del totale. Si tratta dell'energia che il corpo consuma per svolgere le sue funzioni vitali necessarie per la sopravvivenza, per esempio la respirazione, la circolazione sanguigna, la regolazione della temperatura corporea e il funzionamento degli organi.

Il metabolismo basale è influenzato da fattori individuali come età, sesso, peso, altezza, composizione corporea, genetica e stato ormonale. Questa soggettività spiega, seppur in parte, la tendenza di alcune persone a prendere peso più facilmente di altre: c'è chi possiede un metabolismo basale meno efficiente... È come se due automobili, a parità di percorso e velocità, consumassero una diversa quantità di carburante.

La seconda componente del dispendio energetico giornaliero è l'attività fisica, che include sia le azioni della vita quotidiana, come camminare o salire le scale, sia l'esercizio fisico programmato, come una sessione di allenamento o una corsa al parco. Questa è la parte più variabile e quella che possiamo modulare intenzionalmente per migliorare il nostro bilancio energetico.

C'è poi una terza componente, minoritaria, che contribuisce a circa il 10% del TDEE, che è l'effetto termico del cibo (o termogenesi indotta dalla dieta). Si tratta dell'energia che il corpo spende per digerire, assorbire e metabolizzare il cibo assunto e varia in base a composizione e quantità del pasto.

In linea generale, il bilancio tra assunzione e utilizzazione di energia assicura l'equilibrio calorico-ponderale. Ne deriva che uno sbilanciamento energetico, che sia in positivo o in negativo, determina un cambiamento della massa corporea. Quando lo sbilanciamento è in positivo, il surplus energetico porta l'organismo a immagazzinare l'energia in eccesso, conservandola sotto forma di tessuto adiposo.

Per millenni, nel corso dell'evoluzione della specie umana, l'attività fisica non è stata un'opzione, ma un obbligo per la sopravvivenza. Pensiamo all'*Homo sapiens* del tardo Paleolitico che, come cacciatore e raccoglitore, doveva affrontare lunghe camminate per procurarsi cibo e acqua, correre, arrampicarsi, trasportare materiali e svolgere lavori fisici intensi per costruire ripari e strumenti. Questo stile di vita richiedeva un elevato dispendio energetico giornaliero, a cui si associava una disponibilità di cibo intermittente, in cui momenti di abbondanza si alternavano a periodi di scarsità, promuovendo una regolazione naturale del peso corporeo.

Con l'avvento dell'agricoltura e dell'allevamento, durante la transizione al Neolitico, lo stile di vita dell'uomo ha iniziato a cambiare. Infatti queste pratiche hanno permesso una buona disponibilità di cibo e l'abbandono del nomadismo a favore di insediamenti semipermanenti. L'attività fisica però era ancora necessaria, anche se diversa e di intensità meno vigorosa rispetto al periodo precedente: preparazione dei campi, semina, estirpazione delle erbacce, raccolta, alimentazione degli animali, mungitura e costruzione di capanne e stalle. Sebbene i modelli di attività fisica fossero cambiati con la transizione neolitica, esisteva ancora un legame obbligato e naturale tra l'assunzione di calorie alimentari e il dispendio energetico.

Il vero punto di svolta è arrivato con la rivoluzione industriale e, in seguito, con l'era tecnologica. Questi cambiamenti hanno ridotto drasticamente il movimento necessario per svolgere le attività quotidiane: i mezzi di trasporto hanno eliminato le lunghe camminate, le macchine hanno sostituito gran parte del lavoro manuale e gli strumenti digitali hanno introdotto il lavoro sedentario. Parallelamente, l'abbondanza alimentare è diventata la norma nei Paesi sviluppati: scaffali di supermercati ben forniti e cibi ipercalorici hanno cancellato la scarsità e l'obbligo di procurarsi il cibo con fatica. Dunque, lo stile di vita moderno promuove il benessere in un ambiente meno esigente dal punto di vista energetico, ma non siamo geneticamente adattati a questo stile di vita sedentario, e il risultato è che oggi siamo inclini ad assumere più calorie di quante ne bruciamo.

Probabilmente a questo punto ti starai chiedendo: «Come capisco se mi muovo abbastanza?».

Vediamo ciò che l'Organizzazione mondiale della sanità (OMS) ci dice a questo proposito. *Le linee guida globali sull'attività fisica e il comportamento sedentario*, pubblicate nel 2020, forniscono raccomandazioni, suddivise per fascia d'età e specifiche categorie di soggetti, riguardo alla quantità di attività fisica necessaria per ottenere benefici significativi e ridurre i rischi per la salute. Il presupposto è che tutti dovrebbero svolgere un'attività fisica regolare e che comunque, come riportano le linee guida, *every move counts*, cioè qualsiasi tipo di movimento conta.

Per gli adulti, a settimana, sono raccomandati almeno 150-300 minuti di attività fisica aerobica di intensità moderata, o almeno 75-150 minuti di attività fisica aerobica di intensità vigorosa, o una combinazione equivalente delle due.

In termini più pratici: 30 minuti di attività fisica aerobica moderata al giorno per 5 giorni a settimana è un buon punto di partenza, con la possibilità di suddividerli durante la giornata per un approccio più flessibile. Superare questo minimo, aumentando durata, intensità o frequenza, consente di ottenere benefici ancora maggiori.

In aggiunta, l'OMS raccomanda di praticare attività di rinforzo che coinvolga i principali gruppi muscolari per due volte a settimana. Si tratta del cosiddetto *resistance training*, o allenamento di resistenza o di potenza o di forza, che consiste in una sessione di esercizi di tipo anaerobico in cui i muscoli svolgono la propria attività contro un carico, esterno o rappresentato dal proprio corpo.

Per gli over 65, è bene dire che l'età non è una controindicazione per lo svolgimento di attività fisica. Tuttavia, se non ci si allena già, è importante cominciare con gradualità, anche se questo principio è applicabile a ogni età. Le raccomandazioni rimangono le stesse, ma per gli over 65 è ancor più utile aumentare e diversificare il carico di lavoro, adattandolo alle capacità individuali. In particolare, per conservare le abilità fisiche e prevenire cadute è consigliata l'attività multicomponente: una combinazione di esercizi aerobici, rafforzamento muscolare e allenamento dell'equilibrio, da praticare almeno 3 giorni a settimana.

È utile, dunque, definire l'intensità dell'attività fisica – lieve, moderata e vigorosa – per capire a quale livello appartiene l'allenamento. Per farlo dobbiamo osservare come reagisce il nostro corpo.

L'attività lieve comprende movimenti che non richiedono grande sforzo, che non comportano un aumento significativo della frequenza cardiaca e durante i quali la respirazione rimane tranquilla. Il costo energetico in questo caso è superiore a tre volte il dispendio energetico a riposo. Un esempio può essere camminare lentamente.

Con l'attività moderata, invece, il corpo diviene un po' più attivo. Il battito cardiaco accelera, si sente un leggero fiato corto e ci si riscalda, ma è ancora facile conversare mentre ci si muove. Pensiamo a una camminata veloce o a una pedalata in bicicletta senza fretta: questo livello di attività porta a consumare da tre a sei volte l'energia spesa a riposo, ma senza avvertire fatica eccessiva.

L'attività vigorosa, infine, si fa sentire sul serio! In questo caso la frequenza cardiaca è molto accelerata, il respiro è rapido, sopraggiunge la sudorazione e parlare diventa difficile, perché l'impegno fisico è più intenso. È quanto succede, per esempio, durante una corsa o un allenamento aerobico. L'attività vigorosa richiede almeno sei volte l'energia che il corpo usa quando è a riposo.

Viene naturale domandarsi: le raccomandazioni dell'OMS sono pensate esclusivamente per i benefici generali sulla salute? Oppure risultano efficaci anche per prevenire l'aumento di peso, favorire una perdita di peso clinicamente significativa (superiore al 5% del peso corporeo iniziale) e mantenere nel tempo i risultati ottenuti?

Nell'ottica di prevenire un aumento di peso, la raccomandazione di 150 minuti a settimana di attività aerobica moderata risulta essere adeguata. Tuttavia, per quanto riguarda il mantenimento nel tempo della perdita di peso, è necessario un impegno maggiore in termini di attività fisica rispetto ai livelli minimi raccomandati per la salute generale. Infatti, secondo la letteratura, chi ha perso peso con successo dovrebbe puntare a 200-300 minuti a settimana per consolidare i risultati raggiunti ed evitare recidive. La quantità di attività fisica che promuove una perdita di peso clinicamente significativa necessita, invece, di alcune precisazioni.

Una perdita di peso significativa è difficilmente raggiungibile con la sola attività fisica, a meno che il volume complessivo di esercizio sia ben al di sopra dei livelli minimi raccomandati, arrivando a 225-420 minuti a settimana. È evidente che un programma del genere risulta poco pratico e difficile da sostenere a lungo termine. Oltretutto, superando i 300 minuti a settimana, i benefici continuano ad aumentare ma tendendo ad appiattirsi, a raggiungere quindi un plateau, e cresce contemporaneamente il rischio di infortuni. Ne deriva, quindi, la necessità di integrare un intervento dietetico. La letteratura scientifica concorda sull'importanza di combinare la restrizione calorica e l'attività fisica in ogni strategia mirata alla perdita di peso e al suo mantenimento nel tempo, così da sfruttarne la sinergia.

In vari studi è infatti emerso che i programmi combinati di dieta ed esercizio fisico si sono dimostrati più efficaci degli interventi di sola dieta o di solo esercizio, riuscendo a indurre perdite di peso significative. Si è visto che la sola attività fisica aerobica di intensità moderata o elevata, o la sola camminata con almeno diecimila passi giornalieri, senza restrizione calorica, sono responsabili soltanto di una modesta riduzione del peso (rispettivamente 2-3% e 1-1,5% del peso iniziale entro sei mesi). Al contrario, il solo *resistance training*, senza modifiche alimentari, non sembra essere efficace nell'indurre la perdita di peso.

E allora, tornando al nostro quesito, diventa importante farsi un'idea di come e quanto ci muoviamo, per capire se è abbastanza. La tecnologia ci agevola: dispositivi come smartwatch e *fitness tracker*, insieme ad app per smartphone, sono utili strumenti per monitorare e tenere traccia della nostra attività fisica e anche di quella che non pratichiamo: misurano il tempo di inattività, il numero di passi, la distanza percorsa, le calorie bruciate e persino l'intensità del movimento. Grazie a sofisticati sensori e algoritmi, i dispositivi indossabili possono stimare il livello dell'attività che state svolgendo, o addirittura riconoscere e classificare automaticamente il tipo di attività (che sia camminata, corsa, ciclismo o altro) basandosi su modelli di movimento e variazioni della frequenza cardiaca. Inoltre, la sincronizzazione con app per smartphone amplia ulteriormente le funzionalità, permettendo di: stimare il fabbisogno calorico giornaliero; registrare, come in un diario, i cambiamenti corporei (come peso, girovita, composizione...); inserire informazioni sui pasti per il calcolo dell'apporto calorico; pianificare obiettivi personalizzati; ricevere promemoria per rimanere attivi; visionare resoconti; e sfidare amici nel raggiungimento dei risultati. Nonostante le misurazioni fornite abbiano un'accuratezza variabile e siano pertanto da considerarsi delle stime, possono rappresentare un valido supporto, anche in termini di motivazione, per incentivarti all'adozione di uno stile di vita attivo e sano.

Questo aspetto è importante se consideriamo che, tra le principali ragioni della limitata efficacia a lungo termine di una perdita di peso, vi è la difficoltà a mantenere le abitudini alimentari e di movimento nel periodo successivo al trattamento. Mentre gli aspetti comportamentali sono certamente il caposaldo, il mantenimento della perdita di peso sembra essere antagonizzato anche da fattori che non dipendono dalla volontà, come una riduzione del metabolismo basale. Difatti, spesso nell'ambito della perdita di peso una volta che il grasso corporeo cala si assiste a una concomitante diminuzione della massa magra. Quest'ultima si configura come un compartimento eterogeneo, essendo costituita da muscoli e organi altamente attivi dal punto di vista metabolico, ma anche da tessuti a basso tasso metabolico, come ossa e tessuto connettivo. La massa magra rappresenta un fattore determinante del metabolismo basale. Ne consegue che, per l'efficacia a lungo termine della perdita di peso, è auspicabile la diminuzione di massa grassa senza quella della massa magra, soprattutto della componente muscolare. Qui entra in gioco l'esercizio! Sebbene abbiamo detto che il *resistance training* non è in grado da solo di determinare la perdita di peso, ciò non vuol dire che non sia in grado di apportare benefici in questo contesto, anzi! Oltre a migliorare le prestazioni fisiche con effetti positivi sulla forza e sul tono muscolare, ha importanti ricadute sulla composizione corporea: aumenta la massa muscolare ed è così in grado di preservare la massa magra durante la perdita di peso. Infatti il *resistance training* stimola un incremento del turnover proteico muscolare (cioè il processo di costruzione e demolizione delle proteine nei muscoli) e ha un duplice impatto sul metabolismo basale. In primo luogo, sul lungo termine, determina un incremento della massa muscolare che, di conseguenza, richiede più energia a riposo per il suo mantenimento. In secondo luogo, come risposta immediata, provoca piccoli danni ai muscoli, che necessitano di molta energia per essere riparati e per crescere, in un processo chiamato «rimodellamento muscolare» che può durare alcuni giorni dopo l'allenamento.

L'esercizio fisico aerobico è associato, invece, a una riduzione del grasso viscerale addominale, che abbiamo imparato a conoscere meglio nei precedenti capitoli. Può capitare che al calo del tessuto adiposo viscerale in risposta all'esercizio fisico non corrisponda un cambiamento di peso sulla bilancia. L'esercizio fisico, specialmente quello aerobico, stimola la lipolisi (la «rottura» del grasso), in modo preferenziale nel grasso viscerale, da un punto vista metabolico più attivo e più responsivo agli stimoli dell'allenamento rispetto al grasso sottocutaneo. Non bisogna quindi scoraggiarsi in assenza di grandi cambiamenti in termini di peso... Ne avrà probabilmente beneficiato il vostro girovita e con lui anche la vostra salute cardiovascolare e metabolica! L'attività fisica aerobica, infatti, oltre ad aumentare l'efficienza del sistema cardiorespiratorio e la capacità di sostenere sforzi prolungati, offre vantaggi anche dal punto di vista metabolico: migliora i livelli di lipidi nel sangue (trigliceridi e colesterolo) e la sensibilità all'insulina, contribuendo a un miglior controllo dei livelli di zucchero nel sangue.

È la combinazione di allenamento aerobico e anaerobico a consentire di trarre i maggiori vantaggi: si sfrutta l'elevato dispendio energetico e l'attivazione cardiorespiratoria dell'esercizio aerobico, uniti allo stimolo anabolico di preservazione della massa magra del *resistance training*. In altri termini, l'unione si dimostra particolarmente efficace sia per la gestione del peso che per la prevenzione di fattori di rischio associati alla sindrome metabolica. Sebbene la letteratura suggerisca che la perdita di peso derivante dalla combinazione di attività fisica e restrizione calorica sia dovuta maggiormente alla dieta, l'esercizio, sia aerobico sia anaerobico, risulta fondamentale per il mantenimento a lungo termine del peso perso.

Sulla base di quanto fin qui detto, l'attività fisica, pur formalmente definita come «qualsiasi movimento del corpo che porta a contrazione del muscolo scheletrico, con conseguente spesa energetica», non è solo il mezzo per bruciare calorie e raggiungere il peso ideale... I benefici sulla salute dell'organismo *in toto* sono di gran lunga più sofisticati!

Questo ci aiuta a comprendere come, assieme alla nutrizione, il movimento sia alla base della prevenzione di tutte quelle malattie tipiche del nostro tempo e dei Paesi industrializzati, ovvero le malattie croniche non trasmissibili, come ipertensione, diabete di tipo 2, obesità, aterosclerosi e tumori. Lo stile di vita sedentario è uno dei maggiori fattori che influenza negativamente l'incidenza di queste patologie. Difatti, come potete notare, si tratta in prevalenza di patologie associate allo stile di vita, di cui l'alimentazione è un pilastro fondamentale.

C'è da chiedersi a questo punto se il movimento possa avere qualche relazione con l'apparato gastrointestinale, cioè l'insieme di organi e tessuti deputati alla digestione. Le conoscenze in questo ambito sono in continuo aggiornamento, ma in tutti i casi è stata evidenziata una relazione positiva tra attività fisica e bassa incidenza di patologie tipiche dell'apparato gastrointestinale. Tra queste annoveriamo: tumore del colon, diverticolite, colelitiasi, malattie infiammatorie intestinali (come morbo di Crohn e colite ulcerosa) e sindrome dell'intestino irritabile.

Analizzando i vari tratti dell'apparato gastrointestinale, i primi effetti benefici del movimento si osservano già a livello di esofago e stomaco, in particolar modo per quei soggetti che soffrono di reflusso gastroesofageo. Questo potrebbe essere sicuramente dovuto al momento della giornata in cui viene svolta l'attività fisica, in genere il tardo pomeriggio, ma anche alla formazione di una barriera di muscolo striato, in seguito all'allenamento, che limita gli effetti del disturbo. A livello di colecisti, l'attività fisica sembra ridurre l'incidenza di colelitiasi, ovvero la presenza di calcoli biliari, ancor più di fattori quali perdita di peso e alimentazione corretta. Una possibile motivazione è da ricercare nella riduzione di trigliceridi e insulina a livello plasmatico, che insieme favoriscono un calo di colesterolo a livello biliare. Inoltre, l'attività fisica favorisce l'aumento di HDL nel sangue, che, agendo indirettamente sul metabolismo del colesterolo nel fegato, stimola la produzione di acidi biliari. Questi, rendendo il colesterolo nella bile più solubile, ne prevengono la cristallizzazione e riducono la tendenza a formare calcoli. In più, il movimento promuove un maggiore rilascio di colecistochinina, che favorisce la contrazione della colecisti e il rilascio della bile nell'intestino, un'ulteriore forma di protezione dalla colelitiasi. Passando quindi all'intestino, sono differenti le patologie per cui si sono osservati miglioramenti in seguito allo svolgimento di attività fisica. In particolare, per quanto riguarda le malattie infiammatorie croniche intestinali, come il morbo di Crohn e la colite ulcerosa, l'attività fisica di intensità medio-bassa risulta essere ben tollerata dai soggetti con queste patologie, probabilmente per i benefici che il movimento apporta all'organismo nella sua totalità, dalla riduzione dello stress, a un miglioramento delle difese immunitarie, fino al benessere psicofisico. Per quanto riguarda la diverticolite, anche in questo caso, il generale miglioramento del transito intestinale in soggetti che svolgono attività fisica riduce notevolmente i sintomi. Non solo: coloro che si allenano con più intensità presentano un minor rischio di sviluppare questa patologia rispetto a coloro che hanno uno stile di vita prevalentemente sedentario. Inoltre, lo svolgimento di attività fisica diminuisce anche l'incidenza del tumore del colon. Ciò è dovuto a un miglioramento del transito intestinale, con conseguente riduzione del tempo di contatto tra mucosa intestinale e possibili sostanze cancerogene. Inoltre, questo agevola anche un abbassamento dei livelli di acidi biliari secondari e una maggiore eliminazione degli acidi grassi a catena corta tramite le feci.

Visto questo legame tra apparato gastrointestinale e movimento, può quest'ultimo essere un alleato per alleviare l'aumento di volume della pancia «non da grasso»? Alcuni studi hanno dimostrato un miglioramento della stipsi in seguito allo svolgimento di attività fisica, anche se di bassa intensità e in soggetti più anziani. Alla base c'è, pure in questo caso, la motilità del colon, che aumenta con il movimento. Ma non solo! Altri fattori che contribuiscono sono sicuramente: una riduzione del flusso sanguigno nell'intestino che si verifica durante il movimento; la compressione della muscolatura addominale; e da ultimo, non in ordine di importanza, una maggiore attenzione all'alimentazione, che si esplica in un incremento dell'apporto di fibre.

Da non sottovalutare è anche un altro aspetto: molto spesso i problemi legati a disfunzioni dell'apparato gastrointestinale, come stipsi e gonfiore addominale, così come patologie associate al metabolismo (obesità, ipertensione, diabete di tipo 2...), sono strettamente correlati a fattori psicologici, come lo stress, l'ansia e la depressione. Ciò non ci deve sorprendere! Esiste, infatti, uno stretto legame tra cervello e intestino, tanto che si parla, come abbiamo visto, di sistema nervoso enterico. Ne deriva che i segnali neuronali hanno un forte impatto su tutto l'organismo, dai processi digestivi, alla risposta immunitaria, fino alla composizione del microbiota intestinale.

Certamente vi sarà capitato di avvertire un generale senso di benessere dopo aver fatto una lunga passeggiata o dopo un'ora di attività fisica. Ecco, sebbene il meccanismo alla base di questo benessere psicofisico non sia stato compreso appieno, oggi sappiamo che un ruolo chiave è rivestito da dopamina, endorfine ed endocannabinoidi. Queste molecole vengono prodotte dal nostro organismo in seguito allo svolgimento di attività fisica, dandoci quel senso di benessere e gratificazione associato al movimento e motivandoci a svolgerlo in maniera regolare. Ciò non solo avrà effetti benefici sul metabolismo basale, sulla massa grassa e sulla massa muscolare, ma anche sul cervello, andando a diminuire i livelli di stress e gli stati di ansia e depressione. Inoltre, alcuni studi hanno evidenziato come il movimento abbia anche un ruolo chiave nella prevenzione delle malattie neurodegenerative, come il morbo di Parkinson e l'Alzheimer.

Qual è quindi la migliore attività fisica per favorire il benessere del nostro apparato gastrointestinale? Sicuramente ci si può orientare verso pratiche che promuovono il movimento ma allo stesso tempo migliorano il benessere psicofisico.

In questo contesto sono molto adatte discipline come lo yoga, il Tai Chi e il Qi Gong, praticate sin dai tempi più antichi dalle popolazioni orientali, con particolare diffusione in Cina e India. Cosa rende queste attività così importanti per il benessere psicofisico? Tutte e tre combinano il movimento fisico alle *asana* focalizzate sulla postura, sulla respirazione e sulla meditazione. Oltre che sul corpo, visto che riducono il dolore a livello di tutto l'organismo e migliorano l'equilibrio, la coordinazione, la forza e la flessibilità muscolare, queste tre discipline hanno un effetto benefico anche sulla mente, poiché diminuiscono stress e ansia. Inoltre, focalizzarsi sulla respirazione svolge un ruolo cruciale nel promuovere la motilità intestinale che, insieme ai sopracitati effetti su rilassamento e riduzione dello stress, allevia i disturbi intestinali. Difatti, si è visto che in soggetti affetti da sindrome dell'intestino irritabile, la combinazione della pratica dello yoga con un cambiamento dello stile di vita che ponga attenzione alla nutrizione e al movimento ha permesso una riduzione dei sintomi, un maggior benessere mentale e un notevole miglioramento della qualità della vita.

Oltre a migliorare flessibilità e postura, quindi, pratiche come lo yoga, il Tai Chi, il Qi Gong o anche il pilates sono utili al benessere gastrointestinale, agevolando la regolazione dell'alvo e contrastando il gonfiore addominale.

Come ampiamente evidenziato in questo capitolo, l'attività fisica ha sicuramente diversi vantaggi per la salute. Tuttavia, è necessaria un'attenta considerazione: è importante che i soggetti «inattivi», per nulla abituati all'esercizio o che non possono svolgere attività ad alto impatto, scelgano esercizi che non causino danni, soprattutto nelle fasi iniziali.

In questi casi, anziché concentrarsi sull'obiettivo della perdita di peso è necessario dare la priorità alla conservazione della massa muscolare, alla mobilità articolare, ai benefici metabolici e psicologici. Si può cominciare da attività che mirino a far lavorare i grandi gruppi muscolari, come i muscoli della schiena o delle gambe intorno all'articolazione dell'anca. L'allenamento funzionale, cioè un tipo di esercizio basato su schemi motori naturali del corpo che replichiamo nelle azioni della vita quotidiana, e il nuoto ricreativo sono due esempi di attività fisica che soddisfa questo criterio. Per chi vuole partire piano, da non sottovalutare è anche il potere di una camminata, che sia una passeggiata nel parco o un trekking leggero. Magari, perché no, si può associare l'esercizio ai propri hobby, come il giardinaggio, giovando sia al corpo sia alla mente. Per qualcosa di più intenso ed energetico, a ritmo di musica, si può spaziare dall'esercizio aerobico classico senza attrezzature, al jogging, allo spinning, allo step, all'acquagym, passando per la zumba e arrivando fino al ballo. Oggi sono tante le novità nel mondo fitness che si affiancano alle opzioni di movimento più classiche... crossfit, calisthenics, fit boxe, *circuit training* e così via. Il mondo dello sport, poi, offre alternative infinite: dal tennis al padel, dal nuoto al ciclismo, ma anche sport di squadra come calcio, basket o pallavolo. Tuttavia, pure a casa si può fare esercizio: allenamenti guidati, brevi sessioni di *resistance training* con elastici e pesetti, o semplicemente salire e scendere le scale. E non dimentichiamo che persino le pulizie domestiche possono trasformarsi in un vero e proprio allenamento!

Il messaggio da portare a casa è semplice: sì al movimento come strumento per ottenere il peso corporeo ideale, ma soprattutto come alleato per il raggiungimento di un obiettivo più ampio, ovvero la prevenzione delle malattie croniche e il miglioramento della qualità della vita in generale. Un altro concetto da avere ben chiaro è questo: fare movimento non significa per forza correre una maratona all'alba ogni mattina o trascorrere ore in palestra sollevando pesi come un bodybuilder! L'attività fisica può e deve essere qualcosa di piacevole, personalizzato e sostenibile. La chiave sta nel trovare un'attività che ci piaccia, che si adatti ai nostri ritmi e che diventi parte della nostra routine quotidiana, senza stress. Solo così il movimento diventa un mezzo per stare in salute, ma anche un momento di benessere, da vivere con leggerezza e con la consapevolezza del suo enorme valore per la nostra vita. Insomma, il movimento deve essere un piacere, non una punizione!

IX

Le soluzioni: prebiotici, probiotici, postbiotici, antibiotici

Sicuramente avrai sentito dire che il corpo umano è una macchina perfetta. Ma cosa lo rende impeccabile? Cosa rende il corpo umano così unico?

Per la sua complessità e per il suo funzionamento, è proprio vero che il corpo umano può essere paragonato a una macchina perfetta: il suo telaio è lo scheletro che fornisce struttura e supporto all'organismo; il motore è il cuore che pompa il sangue per alimentare l'intero sistema; l'apparato digerente è il carburatore, che trasforma il nostro carburante, ovvero il cibo, in energia; il sistema nervoso è l'impianto elettrico, che invia i segnali attraverso i nervi, utili alla coordinazione di tutte le nostre funzioni; reni, fegato e polmoni sono il nostro «sistema di scarico», che consente all'organismo di eliminare le sostanze di scarto che vengono prodotte. Alla guida di tale macchina perfetta vi è la mente, che conduce il nostro corpo nelle scelte e nelle azioni, così come un conducente guida la propria auto.

Una macchina però ha bisogno di manutenzione (olio, filtri, controllo pneumatici) e similmente anche il corpo umano richiede cura. Di conseguenza, una dieta sana ed equilibrata, un regolare esercizio fisico, una giusta dose di sonno e, se necessario, interventi medici, sono di fondamentale importanza per il suo corretto funzionamento.

Tuttavia, a differenza di una macchina, il corpo umano si autoregola, si ripara e si adatta in modo unico grazie alla presenza di un team di tecnici specializzati che lavorano instancabilmente, ottimizzandone le funzioni. Tale team è rappresentato dal cosiddetto microbiota, un componente invisibile ma di straordinaria importanza per l'organismo umano.

La conoscenza del microbiota umano è «esplosa» negli ultimi decenni e, a oggi, programmi televisivi e riviste a carattere più o meno scientifico ne parlano spesso, trasformandolo nel fulcro di numerose discussioni. E allora, anche qui, ripetiamo cosa si intende con esattezza per microbiota umano. Esso è un ecosistema o, più semplicemente, l'insieme di tanti piccoli organismi (microrganismi), chiamati batteri, che l'organismo umano ospita come se fosse la loro casa; i batteri lavorano nel nostro organismo, proprio come se fossero tanti piccoli tecnici specializzati.

Spesso avrete anche sentito parlare di microbioma, e la domanda sorge spontanea: si tratta di un'assonanza o esiste una differenza tra il «microbiota» e il «microbioma»? La differenza è sottile, tale da far erroneamente utilizzare i due termini in maniera intercambiabile, ma dovete tenere bene a mente che quando si parla di microbioma si fa riferimento a tutto il materiale genetico (DNA) di cui sono costituiti i microrganismi che vivono nel nostro corpo. In altre parole, il microbiota si riferisce ai microrganismi, mentre il microbioma riguarda il loro DNA. Tuttavia, entrambi i termini sono utili a descrivere il fondamentale ruolo dei batteri per la salute umana.

I batteri sono tra i più semplici e antichi esseri viventi presenti sulla Terra. Sono definiti come microrganismi unicellulari perché sono costituiti da una sola tipologia cellulare, a differenza dell'essere umano, caratterizzato da diversi tipi cellulari. Questo è il motivo per cui i batteri vengono chiamati anche cellule batteriche.

E se vi dicessi che il nostro organismo ha più cellule batteriche rispetto alle cellule umane di cui è costituito, ci credereste? Probabilmente no, ma è proprio così: l'organismo umano possiede ben 1014 cellule batteriche, contro un numero di cellule umane inferiore di un ordine di grandezza (1013). Pertanto, potremmo ironicamente affermare che siamo noi gli ospiti dei nostri stessi batteri!

Per questo motivo, da un punto di vista scientifico, l'uomo è definito «olobionte», ovvero «superorganismo», caratterizzato dalla convivenza simbiotica di oltre tremila specie batteriche che contribuiscono al normale funzionamento di tutte le sue attività vitali e metaboliche.

Ma, in pratica, cosa fanno di così importante per l'organismo umano i batteri? Essi hanno innumerevoli funzioni: ci aiutano nella digestione di alcuni nutrienti come fibre alimentari, carboidrati complessi e proteine; sintetizzano vitamine indispensabili per la nostra salute (come la vitamina K e alcune vitamine del gruppo B); entrano in gioco nel metabolismo di acidi biliari, farmaci e tossine; stimolano il nostro sistema immunitario mantenendolo efficiente e pronto a reagire; producono sostanze ad attività antibiotica; creano una sorta di barriera che limita la possibilità di ingresso e attecchimento dei batteri patogeni; producono i già citati acidi grassi a catena corta, come acetato, propionato e butirrato, aventi funzioni trofiche (nutritive) e funzionali per le nostre cellule intestinali, chiamate colonociti.

Probabilmente vi sarete chiesti come siano strutturati gli SCFAs.

Immaginate una struttura costituita da una «testa» e da una o più «code»: essa rappresenta un lipide, più comunemente chiamato grasso, in cui la testa è idrofila, cioè «ama» l'acqua e può interagire con essa, mentre le code sono idrofobe, ovvero «temono» l'acqua e non possono mai mescolarsi con essa. Le code rappresentano catene più o meno lunghe di acidi grassi, che sono quindi un elemento costitutivo dei lipidi. In base alla lunghezza delle catene degli acidi grassi, essi vengono classificati in acidi grassi a catena lunga (LCFAs), media (MCFAs) e corta (SCFAs).

Il microbiota umano non è un qualcosa di fisso e immutabile. Al contrario, è un ecosistema estremamente dinamico: si forma e poi si modifica nel corso della vita di ciascuna persona, influenzato da molteplici fattori, per cui ogni individuo presenta una composizione unica del proprio microbiota. In virtù della notevole variabilità esistente sia tra gli individui che nell'individuo stesso, si parla di variabilità inter- e intra-individuale del microbiota.

Studi recenti hanno dimostrato che ciascun individuo eredita il microbiota dalla mamma: i batteri materni iniziano a colonizzarci già quando ci formiamo nel suo grembo e, nel corso della nostra vita, a seconda della modalità del parto (naturale o cesareo) e dell'allattamento (al seno o con latte artificiale), dell'esposizione a farmaci, tossine, patologie, e dell'alimentazione, la composizione del nostro microbiota cambia, perché influenzata da tutti questi fattori.

Analizziamo più nel dettaglio la composizione del microbiota umano. Esso è costituito sia da batteri buoni, non patogeni, che da batteri cattivi, patogeni, il che vi sembrerà strano e probabilmente anche preoccupante, ma niente paura!

In un individuo sano, il microbiota risulta essere in una condizione di equilibrio in cui i batteri benefici tengono sotto controllo i batteri nocivi, che potrebbero causare danni se non monitorati. Questa condizione, definita eubiosi, viene paragonata a una bilancia in cui i due piatti, che rappresentano da un lato i batteri benefici (come *Lactobacillus* e *Bifidobacterium*) e dall'altro i batteri patogeni (per esempio,

Escherichia coli e *Clostridium difficile*), sono in perfetto equilibrio. Qualora il piatto della bilancia dei batteri patogeni si dovesse abbassare troppo (per esempio a causa di infezioni, alimentazione scorretta o uso inappropriato di antibiotici), si verificherebbe uno stato di squilibrio, definito al contrario disbiosi, che potrebbe essere accompagnato da un danno o da una vera e propria rottura della barriera intestinale (costituita da un epitelio, o più semplicemente, uno strato di colonociti e un rivestimento protettivo di muco). In tale condizione, si dice che «l'intestino diviene permeabile» (noto anche con il termine inglese *leaky gut*). In realtà è la barriera intestinale a divenire permeabile ad alimenti e batteri patogeni che, non venendo più contenuti nel tratto intestinale, ci passano attraverso ed entrano in contatto con il sangue e, in particolare, con il nostro sistema immunitario. Quest'ultimo si iperattiva e non è più capace di distinguere i batteri residenti dai batteri patogeni, per cui si sviluppa una reazione avversa a sostanze o alimenti che prima venivano ben tollerati. Allo stesso tempo, i batteri patogeni possono anche proliferare, causando ulteriori disturbi intestinali, infiammazioni e infezioni.

In questo capitolo scopriremo quindi come mantenere la nostra bilancia in condizione di equilibrio, scongiurando il pericolo che la nostra barriera intestinale vada incontro a rottura, in modo da garantire un buono stato di salute.

Abbiamo sfatato il mito secondo cui i batteri sono tutti cattivi. Il senso comune tende, infatti, a dare ai batteri un'accezione esclusivamente negativa, a considerarli nemici, e si fa di tutto per mantenerli «alla larga» attraverso l'uso dei famosi «antibiotici». Gli antibiotici sono farmaci comunemente usati per combattere le infezioni batteriche grazie alla loro azione battericida (che elimina i batteri) e batteriostatica (che limita la crescita e la riproduzione dei batteri). Gli antibiotici possono avere origine naturale, come la penicillina (primo antibiotico naturale, prodotto dal fungo *Penicillium chrysogenum*, scoperto nel 1929 dal batteriologo Alexander Fleming), sintetica (sintesi chimica) o semisintetica (modificazione di molecole naturali), e possono essere assunti per via orale, iniettati o applicati localmente a seconda della tipologia di infezione e dell'antibiotico stesso.

Gli antibiotici sono di fondamentale importanza. Tuttavia, un uso eccessivo e/o scorretto causerebbe l'uccisione non solo dei batteri patogeni per cui l'antibiotico viene assunto, ma anche dei batteri benefici presenti nell'organismo umano. Si andrebbe così a rompere quell'equilibrio fisiologico di cui abbiamo parlato, con conseguente compromissione della salute dell'individuo. Un utilizzo non adeguato di antibiotici determinerebbe anche la formazione di batteri patogeni resistenti agli antibiotici stessi, che potrebbero causare la comparsa di infezioni difficili da debellare e che rappresentano una delle peggiori minacce per la salute pubblica. Per tali motivi risulta necessario assumere gli antibiotici in modo corretto seguendo le prescrizioni mediche, secondo il dosaggio e la durata indicati, evitando di interrompere il trattamento prima del termine, anche se i sintomi migliorano, e di utilizzarli per scopi diversi da quelli prescritti. Pertanto i professionisti della salute (medico, nutrizionista o dietista) ne consigliano sempre un uso razionale e responsabile, al fine di scongiurare gli eventuali effetti collaterali già descritti.

A questo punto, però, vi chiederete dove possa risiedere esattamente il microbiota nel nostro organismo. Esso si trova ovunque: cute, cavità orale, vie aeree, apparato urogenitale e apparato gastrointestinale. Per quanto riguarda quest'ultimo, è interessante comprendere che vi sono delle differenze nel numero di cellule batteriche presenti a seconda del tratto considerato: nello stomaco, a causa dell'ambiente, o meglio del pH fortemente acido, dovuto alla presenza dei succhi gastrici, non risiedono molti batteri. Lungo il tratto gastrointestinale, a mano a mano che il pH diventa meno acido, il numero dei batteri presenti aumenta, fino a raggiungere un numero più elevato nell'intestino crasso, in particolare a livello del colon. La maggior parte dei batteri del nostro organismo risiede proprio nel nostro intestino, e quando parliamo di microbiota intestinale ci riferiamo esattamente ai batteri residenti in tale compartimento anatomico. Nel microbiota intestinale alberga più del 70% dei batteri di tutto il nostro organismo. Il bilancio ideale per un intestino sano risulta essere costituito per il 90% da batteri buoni e per il 10% da batteri cattivi. I phyla, o più semplicemente «categorie batteriche», *Firmicutes* e *Bacteroidetes* sono quelli dominanti. In numero nettamente inferiore troviamo batteri appartenenti ai seguenti phyla: *Proteobacteria*, *Fusobacteria*, *Actinobacteria*, *Verrucomicrobiota* e *Cyanobacteria*.

È di fondamentale importanza mantenere l'eubiosi intestinale in quanto è stato dimostrato che una condizione di disbiosi è disfunzionale, comporta gonfiore, flatulenza, diarrea, stipsi, e risulta associata a molte patologie che rientrano in quella che viene definita sindrome metabolica (obesità e diabete di tipo 2), nella sindrome dell'intestino irritabile (IBS) e nelle malattie infiammatorie intestinali (IBD; morbo di Chron e rettocolite ulcerosa).

Per esempio, è stato osservato che nei soggetti in sovrappeso e obesi vi è una disbiosi, caratterizzata da una diminuzione dei *Bifidobacterium*, che generalmente sono in grado di prevenire lo sviluppo dell'obesità, e dal contemporaneo aumento dei *Firmicutes*, soprattutto del genere *Clostridium*. I *Firmicutes* sono noti per la loro capacità di fermentare carboidrati complessi e fibre alimentari in SCFAs, che possono essere riassorbiti dall'organismo fornendo calorie aggiuntive e favorendo, allo stesso tempo, l'accumulo di grasso.

Alcuni metaboliti prodotti dai *Firmicutes* possono stimolare la lipogenesi (processo responsabile della produzione di grassi), contribuendo così a disfunzioni metaboliche. Alcuni ceppi di *Firmicutes* producono tossine in grado di attivare il sistema immunitario e innescare un'infiammazione cronica associata all'obesità. Alcuni ceppi possono anche alterare la produzione di ormoni intestinali come la grelina (chiamato ormone della fame), che stimola l'appetito e contribuisce pertanto a una maggior assunzione di cibo.

Allo stesso modo, è stato osservato che i pazienti affetti da IBD, oltre ad avere la funzionalità della barriera intestinale compromessa e una iperattivazione del sistema immunitario, presentano disbiosi, caratterizzata da una riduzione dei batteri appartenenti ai phyla *Firmicutes*, *Bacteroidetes* e *Actinobacteria* e da un aumento dei batteri appartenenti ai phyla *Proteobacteria*, così come di altri patobionti.

È importante sottolineare che gli individui affetti da tali patologie mostrano una sintomatologia comune, caratterizzata da gonfiore addominale e flatulenza, entrambi dovuti all'accumulo di gas (idrogeno, anidride carbonica, metano e idrogeno solforato) a livello intestinale. L'accumulo di gas dipende sia dall'alterata funzionalità intestinale sia dallo squilibrio del microbiota.

In individui affetti da IBD, l'infiammazione cronica e il danno alla barriera intestinale possono anche compromettere la digestione e l'assorbimento di determinati nutrienti che, permanendo nell'intestino, fermentano nel colon, producendo gas e peggiorando il quadro clinico della condizione patologica.

Similmente, la difficoltà a digerire e assorbire alcuni nutrienti, nel quadro di un'intolleranza al lattosio, può complicare questa problematica, creando una situazione di disturbo e disagio per l'individuo.

Per limitare la comparsa di tali condizioni e, in generale,

mantenere l'eubiosi intestinale, è importante quindi adottare uno stile di vita sano, praticando regolare attività fisica, utile alla motilità intestinale e alla riduzione dell'accumulo di gas, e riducendo lo stress, che influenza negativamente la digestione; identificare le intolleranze alimentari e utilizzare, qualora necessario, farmaci o integratori che contengano degli analoghi degli enzimi digestivi; seguire una corretta alimentazione. A questo proposito è importante asserire che la dieta mediterranea risulta essere la più sana ed equilibrata, oltretutto in grado di ripristinare la fisiologia intestinale dell'organismo umano, promuovendo l'eubiosi e preservando la barriera intestinale e la funzione immunitaria. La dieta mediterranea si basa sul consumo di una grande varietà di ortaggi e frutta di stagione, cereali e legumi, pesce, uova, carne e del prezioso olio extravergine di oliva (EVO); sulla limitazione di bevande gassate e dolcificanti artificiali; sull'assunzione, se necessaria, di alimenti e integratori utili al riequilibrio del microbiota intestinale come i probiotici, i prebiotici e i postbiotici.

Ma cosa sono queste sostanze?

Probabilmente avrai sentito parlare di «fermenti lattici», e per di più le nostre mamme ce ne avranno fatti prendere a bizzeffe per farci passare il mal di pancia o dopo aver terminato una cura antibiotica!

Analizziamo ciascuna di queste categorie di sostanze e scopriamo quali sono i benefici che la loro assunzione può apportare alla salute umana.

I fermenti lattici fanno parte della prima categoria menzionata: i probiotici. Secondo la definizione dell'Associazione scientifica internazionale dei probiotici e dei prebiotici (ISAPP) sono «batteri positivi o lieviti, presenti in determinati alimenti (yogurt e alimenti fermentati come kefir, miso, crauti, formaggi stagionati) o integratori (disponibili in capsule, polveri o liquidi) che, se assunti in quantità adeguate, sono in grado di fornire numerosi benefici per la salute umana». Essi sono capaci di arrivare vivi nell'intestino, determinando un effetto terapeutico e/o preventivo: terapeutico perché favoriscono il ripristino dell'equilibrio del microbiota, in particolare a livello intestinale, contribuendo ad alleviare le disfunzioni metaboliche; preventivo perché mantengono l'equilibrio del microbiota intestinale, fornendo protezione da batteri e funghi nocivi e migliorando le funzioni del sistema immunitario.

I probiotici appartengono principalmente ai generi *Lactobacillus* e *Bifidobacterium*, normalmente presenti nell'intestino umano, ma anche a lieviti come *Saccharomyces boulardii*. Essi rappresentano un valido supporto per la salute umana: agiscono colonizzando temporaneamente l'intestino e, aderendo alla mucosa intestinale, laddove si riproducono competono con i batteri nocivi per lo spazio e i nutrienti; producono sostanze antimicrobiche e gli SCFAs, utili a nutrire le cellule intestinali; migliorano la barriera intestinale e rafforzano l'integrità della mucosa intestinale; regolano il sistema immunitario, potenziando la risposta contro le infezioni e riducendo l'infiammazione.

Di recente è stato dimostrato che la supplementazione giornaliera di *Akkermansia muciniphila*, componente buono del microbiota intestinale, può determinare un beneficio per una serie di parametri cardiometabolici. È quindi risultato essere un ottimo probiotico e potrebbe rivelarsi la prossima arma di prevenzione contro l'obesità, il sovrappeso, il diabete di tipo 2, le dislipidemie e in generale le malattie cardiometaboliche. *Akkermansia muciniphila* è già disponibile sul mercato come supplemento dietetico.

I probiotici sono utili alleati per la salute intestinale e generale, ma devono essere scelti e utilizzati in modo appropriato. Secondo il Ministero della Salute, per ottenere una temporanea colonizzazione dell'intestino è necessario assumerne in numero adeguato: l'enumerazione per unità formanti colonie (ufc) fornisce una misurazione diretta della conta delle cellule batteriche, per cui è necessario non meno di 1 miliardo di ufc per persona adulta. Solitamente le dosi raccomandate variano da 1 a 10 miliardi di ufc al giorno, a seconda del ceppo.

È importante selezionare con il supporto di un professionista della salute il probiotico giusto in base al problema specifico, poiché i benefici sono ceppo-specifici. Generalmente i probiotici sono sicuri per l'individuo sano, ma potrebbero determinare un rischio in individui vulnerabili, o meglio in individui con un sistema immunitario compromesso o in gravi condizioni di salute (pazienti oncologici, trapiantati o in terapia intensiva). In tali situazioni, i probiotici, essendo batteri vivi, potrebbero attraversare la barriera intestinale, raggiungere il flusso sanguigno o altri tessuti e provocare rapidamente infezioni. In aggiunta, essendo formulazioni industriali, possono contenere allergeni o altri ingredienti che, in persone sensibili, potrebbero scatenare allergie. Un uso eccessivo potrebbe poi portare a una proliferazione batterica che causerebbe effetti indesiderati come diarrea, stipsi, gonfiore e dolore addominale. I probiotici possono generare gas o gonfiore addominale, per i motivi già menzionati, ma tali conseguenze risultano temporanee, soprattutto all'inizio del trattamento.

Per ottenere il massimo beneficio dall'utilizzo dei probiotici è consigliabile assumerli quotidianamente per circa 1-2 mesi a seconda della necessità, e può essere utile ripetere l'integrazione a cicli periodici da un minimo di 10 giorni fino a un mese, nel corso di un anno, per mantenere in equilibrio il microbiota intestinale nel tempo.

I probiotici non devono essere confusi con i prebiotici. Glenn Gibson e Marcel Roberfroid hanno introdotto il concetto di prebiotico nel 1995, descrivendolo come «un ingrediente alimentare non digeribile che apporta benefici per l'ospite stimolando in maniera selettiva la crescita e/o l'attività di uno o di un numero limitato di batteri nel colon migliorandone quindi la salute». Nel 2008, durante il sesto meeting dell'ISAPP, i prebiotici sono stati definiti come «delle sostanze alimentari (principalmente fibre) non digeribili, quindi selettivamente fermentabili, contribuenti a specifici cambiamenti nella composizione e nell'attività del microbiota intestinale con conseguenti benefici per la salute dell'ospite».

I prebiotici si possono sia trovare naturalmente in alcuni alimenti, sia aggiungere come ingredienti funzionali in prodotti alimentari e integratori. In virtù della loro natura, raggiungono inalterati il colon, dove rappresentano il nutrimento dei batteri probiotici. Essi quindi aiutano i batteri benefici a proliferare nell'intestino, mantenendo una condizione di eubiosi, e a svolgere le loro funzioni benefiche per la salute. A differenza dei probiotici, non comportano i rischi associati all'assunzione dei microrganismi vivi, mentre offrono innumerevoli benefici: aiutano a normalizzare le funzioni intestinali e quelle del sistema immunitario; sono ottimi alleati del metabolismo e possono rivelarsi efficaci contro l'innalzamento della glicemia e per il miglioramento della sensibilità insulinica; promuovono la produzione di sostanze antimicrobiche e di metaboliti utili, come gli SCFAs. Al pari dei probiotici, possono anche migliorare la salute mentale, in quanto interagiscono con l'asse intestino-cervello, influenzando positivamente l'umore e riducendo i sintomi di ansia e depressione.

Esempi di fibre prebiotiche sono: frutto-oligosaccaridi (FOS), presenti in alimenti come cipolle, aglio, banane e carciofi; galatto-oligosaccaridi (GOS), contenuti nel latte materno e utilizzati in alimenti funzionali (alimenti che, oltre a fornire i nutrienti essenziali per il fabbisogno energetico e nutrizionale dell'individuo, offrono benefici aggiuntivi per la salute umana e/o contribuiscono a ridurre il rischio di malattie); inulina, contenuta in cicoria, topinambur e agave; amido resistente, presente in patate crude o cotte e lasciate raffreddare per diverse ore, banane acerbe e legumi; pectine, presenti nella frutta; beta-glucani, contenuti in avena e orzo.

L'ultima categoria di sostanze che esercitano effetti benefici sull'organismo umano è rappresentata dai postbiotici. Il concetto di postbiotici è relativamente recente: nei primi anni 2000 se ne è iniziato a parlare per descrivere tutte quelle sostanze derivanti dall'attività metabolica dei probiotici. Nel 2021 l'ISAPP ha fornito una definizione ufficiale di postbiotico definendolo «una preparazione di microrganismi inanimati e/o di loro componenti che conferisce benefici alla salute dell'ospite».

Dei postbiotici fanno parte: le sostanze derivanti dall'attività metabolica dei microrganismi vivi, o più semplicemente le sostanze che i batteri stessi producono, come gli SCFAs; le sostanze rilasciate dopo la lisi, o rottura, delle cellule batteriche, come enzimi, peptidi, acidi teicoici, muropeptidi, sostanze derivate da peptidoglicani, polisaccaridi, proteine della superficie cellulare e acidi organici; cellule non vitali.

A differenza dei probiotici, che sono microrganismi vivi somministrati per migliorare la salute dell'uomo, i postbiotici non comportano rischi associati all'assunzione dei microrganismi vivi.

I postbiotici hanno, al pari dei probiotici, numerose funzioni benefiche: modulano il sistema immunitario contribuendo alla sua maturazione; riducono l'infiammazione intestinale; contribuiscono all'integrità della barriera intestinale; contrastano le attività microbiche grazie all'inibizione della crescita di batteri patogeni.

Tuttavia, trattandosi di una scoperta recente, sono necessari ulteriori studi per comprenderne approfonditamente il meccanismo d'azione e valutarne l'efficacia e la sicurezza in diverse condizioni cliniche.

Da tutto ciò emerge che, in un mondo in cui le abitudini alimentari errate spesso compromettono l'equilibrio del nostro microbiota intestinale, adottare uno stile di vita sano è fondamentale per garantire il nostro benessere. Pertanto, la modulazione del microbiota intestinale attraverso la corretta alimentazione e l'utilizzo consapevole di probiotici, prebiotici e postbiotici risulta essere una promettente strategia per promuovere la salute dell'individuo e prevenire e/o trattare numerose patologie.

Insomma, avreste mai pensato che questi tecnici specializzati che lavorano dentro di noi e a cui spesso non badiamo fossero in realtà i veri manager della nostra salute e avessero un ruolo così cruciale per la nostra vita?

X

Il programma sgonfia pancia

Ma avere gonfiore addominale è normale? Dobbiamo preoccuparci? O addirittura dobbiamo rassegnarci? Ci siamo passati tutti: la pancia gonfia, il disagio a essa associato, e quella scoraggiante sensazione di essere in un corpo che non ci appartiene. Anche se il gonfiore addominale può essere non patologico, non dobbiamo sottovalutarlo. In particolare, dobbiamo preoccuparci:

- quando siamo gonfi per più di tre settimane, per almeno tre volte a settimana;
- se notiamo un gonfiore sospetto o noduli nella zona dello stomaco;
- se il gonfiore si accompagna a diarrea oppure a una forte stitichezza, a una inspiegabile perdita di peso e/o a sangue nelle feci;
- se abbiamo febbre persistente;
- se abbiamo riscontrato bassi livelli di ferro nelle nostre analisi del sangue;
- se abbiamo familiarità per patologie oncologiche del tratto gastrointestinale o celiachia;
- se il gonfiore impedisce il normale svolgimento delle nostre attività quotidiane.

Dunque se il gonfiore diventa persistente e si manifesta in concomitanza con i sintomi elencati dobbiamo evitare il fai da te e rivolgerci a un medico per escludere cause cliniche.

Una volta esclusa la presenza di patologie, non dobbiamo imparare a convivere con il gonfiore, ma impegnarci a modificare il nostro stile di vita, mettendo in atto una serie di strategie che siano sostenibili nel tempo e che ci accompagnino per il resto dei nostri giorni. Quando il gonfiore addominale è normale? Cerchiamo di capirlo insieme:

- il nostro stomaco e il nostro intestino possono aumentare di volume fino a cinque volte. E questo accade in maniera fisiologica quando, occasionalmente, si è fatto un pasto molto abbondante;
- non importa solo quanto e cosa abbiamo mangiato. Lo stress è una delle cause più importanti di insorgenza del gonfiore. Difatti, quando siamo particolarmente stressati mandiamo in corto circuito la nostra connessione intestino-cervello;
- c'è presenza di gonfiore addominale durante alcune fasi del ciclo mestruale per i repentini cambi ormonali a esso legati;
- prodotti senza zucchero, come bevande, chewing gum, proteine in polvere o barrette proteiche, spesso contengono dolcificanti come i polioli, che in caso di consumo eccessivo possono aggravare il problema;
- il problema si aggrava anche quando mangiamo troppo in fretta, con voracità, senza prenderci il giusto tempo per masticare correttamente, e quando aumenta l'aerofagia (ingestione patologica di aria), perché per esempio mastichiamo troppo spesso chewing gum, beviamo utilizzando sempre cannucce e fumiamo;

- il gonfiore dopo un pasto ad alto contenuto di fibre è un segnale positivo, significa che abbiamo alimentato a dovere i nostri batteri intestinali. Il problema insorge nel momento in cui non sappiamo quali sono le specifiche quantità di fibre da ingerire, se il gonfiore provoca anche dolore, se siamo sensibili al gonfiore addominale e non sappiamo se e come combinare le fibre o come aumentare la tolleranza del nostro intestino a esse.

Ciò che contribuisce a instaurare il circolo vizioso dello yo-yo sono la restrizione alimentare, le diete detox, i programmi di esercizio fisico insostenibili, la mancanza di educazione nutrizionale. Invece per interromperlo e diminuire il gonfiore addominale e, se necessario, dimagrire perdendo grasso e quindi centimetri dal girovita servono strategie che lavorino a trecentosessanta gradi sul nostro benessere generale, seguite con costanza nel tempo. È fondamentale, inoltre, imparare a conoscere i più comuni trigger del gonfiore e a riconoscerne gli effetti sul proprio organismo. Non è infrequente, infatti, che essi non provochino problemi in tutti i soggetti interessati. Mettersi in ascolto del proprio corpo è fondamentale per essere in grado di personalizzare le strategie atte a prevenire o ridurre il gonfiore addominale. L'Organizzazione mondiale della sanità ha definito la salute come «una condizione di completo benessere fisico, mentale e sociale e non esclusivamente l'assenza di malattia o infermità». Questo significa che anche quando si soffre di gonfiore addominale, che può interessare sia soggetti con un girovita oltre i range clinici sia quelli considerati «magri», è possibile mettere in atto delle strategie che tocchino i cosiddetti cinque pilastri del benessere, che sono: nutrizione, movimento, sonno, gestione dello stress e relazioni interpersonali. Ognuno di questi aspetti ha un ruolo molto importante nel combattere il gonfiore addominale. Ora, alla fine di questo viaggio attraverso i vari capitoli che hai letto, voglio lasciarti alcuni suggerimenti pratici che tocchino tutti i pilastri appena elencati, con particolare attenzione all'aspetto nutrizionale, da poter mettere subito in pratica.

Alcuni suggerimenti pratici generali

- È possibile, in fasi molto acute, e per periodi di breve durata, provare a diminuire sensibilmente la quantità di cibo ingerita, soprattutto dopo le 18, o digiunare la sera. Questa strategia ci aiuterà a ridurre in maniera repentina il gonfiore. Una volta migliorato il problema, e per rendere sostenibile la nostra routine nutrizionale, si potrà procedere evitando di saltare i pasti. Questo farà sì che non si arrivi troppo affamati al pasto successivo, condizione che porterebbe a essere nutrizionalmente disorganizzati, a mangiare di più e con più voracità, aumentando il carico energetico e il carico digestivo a cui poi il nostro corpo e il nostro microbiota dovrebbero far fronte, nonché la quantità di aria ingerita. Questa strategia, in pratica, si traduce in pasti più frequenti con porzioni ridotte durante l'arco della giornata.

- Bisogna mangiare in maniera consapevole, lentamente, cercando di masticare ogni boccone circa venti volte. Questo è il cosiddetto approccio *mindful* («consapevole», appunto), che ci fa essere presenti «nel qui e ora» e contribuisce a farci apprezzare sia psicologicamente sia fisicamente quello che stiamo mangiando. Ciò inoltre fa sì che il corpo possa seguire in maniera naturale il senso di fame e sazietà legato alla produzione di ormoni a esse deputati.

- È bene imparare a riconoscere sul proprio corpo gli effetti dei più comuni trigger del gonfiore: alcol, caffeina, cibi speziati, eccesso di grassi, verdure che tendono a essere più fermentabili dal nostro microbiota intestinale (come cavolfiori, broccoli, cavoletti di Bruxelles, rape), legumi, chewing gum senza zucchero, i quali contengono dolcificanti di tipo polioli (per esempio lo xilitolo) che, come abbiamo visto, aggravano il gonfiore addominale.

- Effettuare movimenti di stretching dolce e massaggi addominali, insieme all'applicazione di compresse di acqua calda, sono strategie utili per liberare il gas intrappolato nell'intestino.
- Bisogna effettuare test delle intolleranze alimentari; mi riferisco solo ed esclusivamente all'intolleranza al lattosio, da indagare con il Breath test in laboratori autorizzati, e alla celiachia (anche definita in modo improprio intolleranza al glutine), da testare con esami del sangue e, eventualmente, con un'endoscopia digestiva. Diffidate di chi vi propone altri tipi di analisi per imprecisate intolleranze, la cui esistenza non è supportata da evidenze scientifiche né riconosciuta dal Ministero della Salute.
- È necessario evitare l'utilizzo di indumenti troppo stretti, specialmente pantaloni a vita alta.

Il programma alimentare: alleniamoci a tavola

Nei periodi in cui si soffre in maniera acuta di gonfiore addominale, possiamo aiutarci con delle piccole strategie alimentari. Bisognerebbe provare a seguire per poche settimane un'alimentazione come quella che illustrerò tra poco, agendo anche su tutti gli altri fronti (stress, sonno, movimento, relazioni interpersonali), ed eliminando i cibi trigger, magari tenendo un diario per la loro identificazione. Una volta apprezzati i benefici dei cambiamenti nutrizionali fatti, è possibile reintrodurre gradualmente i cibi precedentemente limitati, studiandone gli effetti sul corpo e arrivando così a personalizzare al massimo la propria alimentazione. Vediamo insieme nel dettaglio come procedere per un'alimentazione antigonfiore.

VERDURE

Quando si è in sovrappeso, con un aumentato girovita, e se oltre a questo si soffre di gonfiore, spesso si tende ad abbuffarsi di verdure, sperando in un rapido dimagrimento e in una riduzione del gonfiore. Questo erroneo comportamento è controproducente perché sovraccarica il corpo di fibre indigeribili, che vengono fermentate dal microbiota e causano l'insorgenza o l'aggravarsi del gonfiore addominale. Quando si parla di sana alimentazione rispettare le porzioni e le frequenze dei vari gruppi alimentari è essenziale, e questo vale sia per soggetti sani sia per soggetti che soffrono di patologie o disturbi di varia natura. Per quanto riguarda le porzioni, ricordiamo che per un soggetto sano si calcolano circa 200 g di verdure a pasto (peso da riferirsi all'alimento a crudo e al netto degli scarti). Per il nostro programma sgonfia pancia, bisogna diminuire leggermente la quantità di verdura consumata e scegliere cosa mangiare secondo le indicazioni qui di seguito.

Limitare: cavolfiori, cavoletti di Bruxelles, verza, broccoli, cime di rapa, crauti, cipolla, sedano, barbabietola rossa, bietole, radicchio, taccole, zucca, pomodori secchi, aglio, cipollotto, porro, asparagi, insalata e verdura a foglia larga. Inoltre evitare di abbinare i legumi a queste verdure.

Privilegiare: carciofi, finocchi, melanzane, peperoni, zucchine, carote, crudité.

Inoltre, per rompere le parti più fibrose delle verdure, responsabili dell'insorgenza del gonfiore, considerare l'utilizzo del passaverdure, che separerà appunto le parti più fibrose dal resto, anziché del mixer elettrico, che comunque lascerebbe all'interno della preparazione anche le fibre meno digeribili.

LEGUMI

Il gruppo alimentare dei legumi è purtroppo tristemente famoso per essere un trigger di gonfiore, ed è per questo che si tende sempre, sbagliando, a eliminarli del tutto dalla dieta. In realtà, consumandoli con regolarità e in piccole quantità da aumentare gradualmente si darà all'intestino, e soprattutto al microbiota intestinale, la possibilità di abituarsi a tenere a bada i cosiddetti GOS, le fibre e gli zuccheri indigeribili peculiari dei legumi, che provocano gonfiore. Secondo le linee guida della sana alimentazione, i legumi andrebbero consumati almeno quattro volte a settimana. Nel nostro programma sgonfia pancia, provate a inserirli un paio di volte a settimana, in piccole porzioni (circa 30 g se secchi, 100 se precotti). Attuando una strategia multilivello, il gonfiore si attenuerà sensibilmente nel tempo. Per capire come procedere nella loro preparazione, dobbiamo distinguere i legumi secchi da quelli precotti e disponibili in lattina o contenitori di vetro.

Per quanto riguarda i legumi secchi, è necessario tenerli a bagno per almeno una notte (12 ore per quelli decorticati, 24 per quelli non decorticati), cambiando l'acqua almeno due volte e risciacquandoli bene sotto acqua corrente prima di iniziare la cottura. È importante quindi assicurarsi di non utilizzare mai l'acqua di ammollo per la cottura. L'ammollo rende il legume più morbido e quindi più digeribile. Prediligere il consumo di legumi decorticati e meno problematici, come lenticchie rosse decorticate, fave decorticate, piselli, fagioli azuchi e fagioli zolfini. La cottura deve essere prolungata, con una bollitura di almeno 10-15 minuti, in modo da ammorbidire i tegumenti. Nell'acqua di cottura, oltre a sedano e carote, si possono utilizzare o un centimetro di alga kombu ogni 100 g di legumi, oppure un pizzico di bicarbonato di sodio a uso alimentare, oppure un paio di foglie di alloro, zenzero, santoreggia, rosmarino, timo, cumino, semi di finocchio. A fine cottura si può utilizzare basilico o menta piperita e sorseggiare una tisana (finocchio, zenzero, anice o camomilla). Passare i legumi al passaverdura (non tritarli in un mixer, come indicato per le verdure più fibrose) consentirà di eliminarne la buccia, che è la maggiore responsabile di gonfiore e flatulenza.

Per quanto riguarda i legumi precotti, c'è un vantaggio netto relativo al gonfiore, oltre al risparmio di tempo nella preparazione: modalità di produzione industriale, tempistiche e bollitura li rendono più digeribili rispetto a quelli secchi, tanto da essere consigliati ai soggetti affetti da sindrome dell'intestino irritabile e/o che seguono il protocollo Monash della Deakin University. In questo caso è bene privilegiare l'utilizzo di quelli conservati in vetro, sciacquarli a lungo sotto acqua corrente per eliminare il sale in eccesso e altre sostanze anti-nutrienti che bloccano l'assorbimento di alcuni minerali nell'intestino, leggere gli ingredienti assicurandosi che non contengano zuccheri aggiunti, e infine controllare l'origine del legume evitando prodotti che provengano da Paesi di cui non si conoscono le modalità di coltivazione.

FRUTTA FRESCA E FRUTTA SECCA

Limitare: pere, mele, pesche, mango, cachi molto maturi, prugne, albicocche, melone, fichi, uva.

Privilegiare: kiwi, arance, pompelmo, fragole, mirtilli, ananas, banane non troppo mature, mandarini, frutti di bosco.

È buona norma, per i soggetti che soffrono di gonfiore, privilegiare la frutta più acerba rispetto a quella matura, mangiarne in quantità non eccessive, limitandosi a un frutto di media dimensione, o due piccoli, lontano dai pasti. Limitare il consumo di pistacchi, arachidi, pinoli e anacardi, e privilegiare quello di mandorle, noci e noci brasiliane, facendo sempre attenzione a non esagerare sia con le porzioni che con le frequenze (ne bastano cinque, due o tre volte a settimana).

CEREALI

Variare il più possibile le fonti di cereali, includendo nella lista le patate, riducendone le quantità, e limitando il pane, soprattutto quello industriale e processato. Inoltre limitare il consumo di cereali integrali, couscous e bulgur. In questa maniera, inizierà pian piano a stabilirsi una nuova tolleranza alle fibre contenute in tali alimenti, e con il tempo sarà possibile aumentarne le porzioni.

FORMAGGI, LATTICINI, LATTE E DERIVATI DEL LATTE

A meno che non si soffra di intolleranza al lattosio, è bene privilegiare il consumo di latte e yogurt senza grassi. Inoltre, si possono consumare tranquillamente ricotta e parmigiano reggiano o grana padano a lunga stagionatura, emmental, pecorino, secondo le quantità indicate nelle linee guida (circa 100 g per i formaggi freschi, 50 per quelli stagionati, un paio di volte a settimana). Limitare gorgonzola, brie, fontina, formaggi grassi e robiola.

PROTEINE ANIMALI

Prediligere uova, carni magre, pesce fresco, crostacei e mitili, limitando quelli conservati (per esempio affettati, insaccati, pesce in scatola o affumicato). Inserire questi cibi secondo le linee guida della sana alimentazione, privilegiando pesce e carni bianche e limitando le carni rosse.

Nella preparazione dei pasti assicurarsi di avere un'alimentazione varia e bilanciata, a basso indice glicemico, facendo in modo di assumere tutti i nutrienti necessari a ogni pasto (cioè cereali come fonte di carboidrati, proteine animali o vegetali così come da indicazioni, verdure per le fibre, e fonti di grassi buoni) e facendo pasti piccoli e frequenti anziché pochi e abbondanti. Privilegiare sempre il consumo di olio extravergine di oliva ed evitare condimenti grassi come maionese e panna, e spezie come peperoncino e pepe verde. Scegliere cibi freschi e non processati ed evitare il consumo di prodotti industriali. Evitare cotture elaborate e ricche di grassi. Non abbinare le verdure qui indicate con i legumi, le uova con il latte, e il legumi con la carne.

Ripristinare e preservare l'asse intestino-cervello: allenare corpo e mente

Come spiegato in precedenza, lo stress è una delle maggiori cause di *discomfort* del nostro sistema digestivo, incluso il gonfiore. Nonostante la scienza che studia il *link* tra l'intestino e il cervello sia relativamente recente, è chiaro che i due organi siano collegati e, in realtà, l'uomo lo sa da sempre. Da questo collegamento infatti derivano le note espressioni: «avere le farfalle nello stomaco», «che ti dice la pancia?», «avere un nodo allo stomaco», e altre ancora. Ed ecco anche perché ognuno di noi ha una personale lista del cosiddetto *comfort food*. Chiaramente chi ha coniato queste espressioni aveva intuito ciò che la scienza sta spiegando in questi anni, e cioè che questa è una strada a doppio senso di circolazione: ciò che mangiamo ha un impatto sul nostro umore e il nostro umore influenza il nostro sistema digestivo. Ricordate che l'intestino è innervato da miliardi di cellule nervose, ed è per questa ragione che costanti livelli di stress possono creare un corto circuito nel cablaggio del nostro apparato digerente, generando anche gonfiore e addirittura dolore. Per poter sanare il corto circuito nell'asse intestino-cervello ci sono diverse strategie che possono agire sulle vie che associano le nostre emozioni ai sintomi intestinali. Vediamole insieme.

- Prendiamoci qualche minuto ogni giorno, magari appena svegli oppure prima di andare a dormire, per focalizzarci sul nostro respiro e provare a rilassare la mente. Impariamo la respirazione diaframmatica. Essa aiuta a massaggiare l'intestino dall'interno, agevolando i movimenti intestinali e la digestione. Inoltre è calmante, abbassa la frequenza cardiaca, aumenta il flusso di sangue agli organi digestivi e favorisce la dispersione del gas intrappolato nell'intestino. La respirazione diaframmatica coordina il movimento del muscolo diaframma con la peristalsi intestinale e il rilassamento delle pareti dello stesso intestino, aspetto fondamentale in chi soffre di gonfiore intestinale associato a dolore.

- Un buon sonno ristoratore è essenziale per ridurre lo stress. Soggetti che dormono meno di sette ore a notte sono più suscettibili agli effetti dello stress durante la giornata. Ma come fare a dormire di più e meglio? Bisogna evitare o limitare caffè o altre bevande stimolanti, cibi ricchi di zuccheri semplici dopo le 15 e riposini di durata superiore ai quindici minuti durante la giornata. Inoltre, bisogna cercare di andare a letto sazi senza però sovraccaricare il sistema digestivo con pasti troppo ricchi, evitando di mangiare la sera tardi e aspettando due o tre ore prima di coricarsi. È importante anche mantenere, per quanto possibile, una routine regolare andando a dormire e svegliandosi sempre alla stessa ora, e dormire in una stanza ben oscurata, ordinata e a temperatura non troppo elevata.

- È bene provare a instaurare una piccola routine pre-sonno, evitando l'utilizzo di smartphone e tablet almeno un'ora prima di andare a dormire e pensando invece di fare un bagno caldo, leggere un libro alla luce di una lampada, fare esercizi di meditazione e rilassamento o ascoltare della musica rilassante.

- Il movimento aiuta e non è necessario che sia ad alta intensità, troppo frequente o di lunga durata, cosa che invece può essere controproducente. Yoga, pilates, o anche una semplice passeggiata nella natura, ove possibile, hanno grandi proprietà calmanti rispetto allo stress, con conseguenti benefici anche sui sintomi intestinali. In particolare, con yoga e pilates si raggiungono ottimi risultati proprio perché si lavora tanto attraverso il controllo della respirazione. L'attivazione sinergica dei muscoli profondi addominali, il *core*, e la mobilizzazione della colonna vertebrale in tutti i piani di movimento aiuta a ossigenare meglio l'intestino, a massaggiarlo dall'interno, contrastando il gonfiore e agevolando la dispersione dei gas intrappolati. Le linee guida ci dicono che sarebbe opportuno praticare movimento per circa 150 minuti a settimana. Ma per chi non è abituato o non ha l'opportunità di dedicarsi ad attività motorie per periodi di tempo lunghi basterebbe iniziare provando a ritagliarsi circa trenta minuti per tre volte a settimana, per poi aumentare gradualmente la durata e/o la frequenza del movimento. Possiamo provare, per esempio, a camminare per quindici minuti due o tre volte a settimana, e nelle stesse giornate praticare la sera delle semplici posizioni yoga che rilassino l'intestino. Non è necessario essere esperti, basta fare piccole sequenze come questa: seduti a schiena dritta e gambe incrociate o in una posizione comoda, chiudere gli occhi e respirare profondamente dalla pancia. Se si è nuovi alla pratica, dimenticarsi del respiro diaframmatico e inspirare dal naso ed espirare dalla bocca, lentamente. Mettere una mano sul petto e l'altra sulla pancia per sentirli muoversi durante la respirazione. Continuare fino a che non si avverte un senso di rilassamento. Dopodiché, ci si può mettere in quadrupedia, con i polsi allineati sotto le spalle e le ginocchia sotto i fianchi, per praticare la posizione del gatto-mucca. Durante l'inspirazione, inarcare la schiena tentando di inclinare la testa all'indietro, mentre si fa scendere la pancia verso il pavimento. Durante l'espirazione, arrotondare la schiena come a voler creare una gobba, mentre si abbassano la testa e il mento, guardandosi l'ombelico. Eseguire questi movimenti lentamente, seguendo ogni inspirazione ed espirazione. Dopodiché mettersi nella cosiddetta posizione del bambino. Basta sedersi sui talloni, aprendo le ginocchia e lasciando cadere la testa in avanti. Se non si riesce a toccare il pavimento con la fronte, utilizzare un cuscino. Si possono allungare le braccia in avanti, con i palmi delle mani rivolti verso il pavimento, oppure si possono mettere le braccia indietro, ai lati delle gambe, con i palmi delle mani rivolti verso il soffitto. Rimanere in questa posizione respirando lentamente per tutto il tempo che si vuole.

- Ci si può avvicinare a uno dei più interessanti metodi di gestione dello stress emotivo, che ha dimostrato ottimi risultati nella pratica clinica per quanto riguarda tutti quei disturbi digestivi legati al gonfiore: la *mindfulness*, termine inglese che significa «consapevolezza». La meditazione, pilastro della *mindfulness*, è una pratica che porta l'individuo a uno stato di consapevolezza e focalizzazione sul momento presente, il «qui e ora», senza giudizi e/o pregiudizi, sulla condizione del nostro corpo e sulle nostre sensazioni. Essa conduce a uno stato di calma e rilassamento che ha ricadute positive sul sistema nervoso autonomo/involontario, riducendo lo stress e quindi diminuendo, tra le altre cose, il *discomfort* intestinale. La *mindfulness* e la meditazione ancora oggi possono sembrare pratiche strane, o addirittura religiose, ma sono in realtà nient'altro che metodi di allenamento mentale. In prima battuta la *mindfulness* può sembrare complicata o addirittura impossibile da praticare, ma basta superare lo scoglio iniziale per cominciare a vederne i benefici, che sono talmente trasversali che ormai la *mindfulness* è impiegata in protocolli di gestione del dolore in pazienti che soffrono di sindrome del colon irritabile, malattie infiammatorie croniche dell'intestino e altre gravi e invalidanti patologie caratterizzate da dolore cronico.

- Quando possibile, bisogna evitare di mangiare davanti al PC o alla TV, preferendo invece l'interazione con familiari, amici e colleghi. La socialità, e quindi la convivialità, è non a caso uno dei cinque pilastri del benessere, oltre a essere alla base della piramide alimentare mediterranea. Passare del tempo insieme agli altri, quando si mangia, aiuta a diminuire lo stress e aumenta la sensazione di benessere, e questo si riflette in maniera positiva sul *discomfort* intestinale. Dal momento in cui nasciamo e passiamo in quella diade mamma-bambino, avvolti in un abbraccio di amore e nutrimento, lungo tutto l'arco dell'adolescenza e dell'età adulta, fino alla terza età, evitare la solitudine anche a tavola promuove il rilascio di endorfine, potenti molecole ad azione sia eccitante sia analgesica. Nutrirsi davanti a uno schermo non favorisce lo scambio relazionale e porta anche a mangiare in maniera automatica, annullando quegli aspetti sociali che fanno apprezzare ogni boccone. Questo può condurre a un'alimentazione eccessiva, spesso accompagnata da scelte nutrizionali poco salutari, e da tempistiche non in linea con i segnali di fame e sazietà. Tutti fattori che, in ultima analisi, causano un aggravamento del *discomfort* addominale.

Integratori

Ecco un'ultima considerazione sull'utilizzo degli integratori. La scienza ci viene in aiuto indicandoci alcune strategie basate sull'assunzione di integratori che hanno la potenzialità, in alcuni soggetti, di ridurre il gonfiore intestinale: strategie che comprendono il ricorso a capsule di olio di menta piperita, a semi di lino macinati e all'inclusione di fibre di avena nella nostra dieta, e che potenzialmente permettono di ridurre o prevenire il gonfiore, ma anche di alleviare meteorismo e stitichezza, grazie alle loro particolari molecole e fibre che «allenano» il microbiota e contribuiscono a «selezionare» la colonizzazione delle specie batteriche che combattono un eccessivo gonfiore. Ricordiamo che questi integratori devono però essere usati con saggezza, perché non sempre tutti aiutano ogni soggetto, anzi a volte una molecola con note proprietà antigonfiore potrebbe avere l'effetto opposto e il suo utilizzo risultare, quindi, addirittura controproducente. Ciò accade perché le cause del gonfiore sono numerose e talora, in uno stesso soggetto, si combinano in maniera particolare. Il che spiega l'importanza della personalizzazione delle strategie antigonfiore. Bisogna diffidare dei prodotti miracolosi, con combinazioni di molecole di cui non si conoscono effetto e provenienza, ed evitare di utilizzare più di un prodotto alla volta. È bene avere la pazienza di testare un solo prodotto per qualche giorno a basse dosi, cercando di capire gli effetti sul proprio corpo, e sapere che per poterlo apprezzare ci vuole tempo: sarà necessario utilizzarlo per circa quattro settimane. Ricordiamo inoltre i tre punti fondamentali, quando si tratta di integratori.

- «Naturale» non significa sicuro! Molte erbe hanno proprietà antibatteriche che hanno come target non solo i batteri «cattivi» del nostro intestino, ma anche i cosiddetti batteri buoni.
- Bisogna essere critici rispetto al tipo di dati scientifici a supporto dell'utilizzo di una data molecola. Se non è stato condotto un trial clinico testando la data molecola su un gruppo di pazienti con lo stesso problema, è meglio essere cauti.
- Bisogna conoscere la formulazione dei prodotti utilizzati. A volte si trovano in commercio mix di prodotti sgonfia pancia, che possono addirittura contenere dolcificanti di tipo polioli o fruttani, che, come ormai sappiamo, in soggetti specifici possono aggravare addirittura il problema.

L'ideale sarebbe evitare il fai da te e affidarsi a un professionista.

Nessuno di noi dovrebbe imparare a convivere con gonfiore e *discomfort* addominale, e spero che questo capitolo ti abbia dato degli strumenti in più per conoscerti e mettere in atto strategie per migliorare non solo il sintomo, ma anche il tuo stile di vita. Stare meglio si può. Una volta escluse potenziali patologie, individuati i trigger e imparato a tenerne a bada gli effetti, sarai sulla strada giusta per mettere in pratica tutti i consigli di cui abbiamo discusso. Seguendo i miei suggerimenti, e iniziando a mangiare meglio e a prenderti cura del tuo corpo e della tua mente, troverai quel sollievo che ti darà la spinta per rendere sostenibili nel tempo le scelte che farai a tavola, e per il tuo stile di vita a trecentosessanta gradi. E finalmente interromperai il circolo vizioso dello yo-yo, perché il dimagrimento, e vivere liberi dal gonfiore addominale, sono la naturale conseguenza di uno stile di vita attento a ciò di cui ci nutriamo, non solo a tavola.

Conclusioni

In questo saggio abbiamo parlato della pancia e delle ultimissime novità scientifiche che spiegano perché aumenta di volume (per il gas e/o per il grasso) e come possiamo «sgonfiarla». Sgonfiare la pancia si può, se si è in grado di individuare le cause che hanno determinato tale fenomeno. Come sempre, è importante innanzitutto cercare di indagare accuratamente le proprie abitudini (non solo alimentari), correggere lo stile di vita, improntandolo al proprio personalissimo stato di salute, e seguire le indicazioni del nostro medico. Ogni intervento deve essere mirato e su più fronti, conciliando dieta, attività fisica e uso sano di integratori e farmaci che possono ripristinare il nostro benessere fisico e psicologico. Spesso il cibo, in quanto elemento materiale, influisce anche sulla nostra psiche, le nostre emozioni e la nostra vita sociale; dunque, se il nostro rapporto con il cibo diventa fonte di malessere fisico, presto lo sarà anche a livello psichico e potrebbe destinarci a una condizione invalidante su più fronti. È purtroppo vero che gonfiore, meteorismo e borborigmi possono compromettere non solo la nostra salute, ma anche la nostra libertà di movimento, le nostre relazioni interpersonali, la nostra autostima e la nostra felicità. Ora che sappiamo come intervenire, possiamo talvolta permetterci di «parlare di pancia», della nostra pancia.

Fonti consultate

Alagiakrishnan, K., Morgadinho, J. e Halverson, T., *Approach to the Diagnosis and Management of Dysbiosis*, in «Front Nutr.», 2024, 11, p. 1330903; doi: 10.3389/fnut.2024.1330903.

Alang, N. e Kelly, C.R., *Weight Gain After Fecal Microbiota Transplantation*, in «Open Forum Infect Dis.», 2015, 2(1), p. ofv004; doi: 10.1093/ofid/ofv004.

Armstrong, A., Jungbluth Rodriguez, K., Sabag A. et al., *Effect of Aerobic Exercise on Waist Circumference in Adults with Overweight or Obesity: A systematic review and meta-analysis*, in «Obes Rev.», 2022, 23(8), p. e13446; doi: 10.1111/obr.13446.

Arturo, T. e Minella, R., *Dynamics and Metabolic Effects of Intestinal Gases in Healthy Humans*, in «Biochimie», 2024, 221, pp. 81-90; doi: 10.1016/j.biochi.2024.02.001.

Bäckhed, F., Ding, H., Wang, T. et al., *The Gut Microbiota as an Environmental Factor that Regulates Fat Storage*, in «Proc Natl Acad Sci USA.», 2004, 101(44), pp. 15718-23; doi: 10.1073/pnas.0407076101.

Bishara, J., Farah, R., Mograbi, J. et al., *Obesity as a Risk Factor for* Clostridium difficile *Infection*, in «Clin Infect Dis.», 2013, 57(4), pp. 489-93; doi: 10.1093/cid/cit280.

Booth, F.W., Roberts, C.K. e Laye, M.J., *Lack of Exercise Is a Major Cause of Chronic Diseases*, in «Compr Physiol.», 2012, 2(2), pp. 1143-211; doi: 10.1002/cphy.c110025.

Burgueno, J.F., Fritsch, J., Santander, A.M. et al., *Intestinal Epithelial*

Cells Respond to Chronic Inflammation and Dysbiosis by Synthesizing H_2O_2, in «Front Physiol.», 2019, 10, p. 1484; doi: 10.3389/fphys.2019.01484.

Caballero, N., Marin, I. e Serra, J., *Responses to Gastric Gas in Patients with Functional Gastrointestinal Disorders*, in «Neurogastroenterol Motil.», 2021, 33(1), p. e13963; doi: 10.1111/nmo.13963.

Camps, S.G., Verhoef, S.P. e Westerterp, K.R., *Weight Loss, Weight Maintenance, and Adaptive Thermogenesis*, in «Am J Clin Nutr.», 2013, 97(5), pp. 990-4; doi: 10.3945/ajcn.112.050310. Erratum in: «Am J Clin Nutr.», 2014, 100(5), p. 1405.

Cani, P.D. e De Vos W.M., *Next-Generation Beneficial Microbes: The case of* Akkermansia muciniphila, in «Front Microbiol.», 2017; doi: 10.3389/fmicb.2017.01765.

Casey, E., Mistry, D.J. e MacKnight, J.M., *Training Room Management of Medical Conditions: Sports gastroenterology*, in «Clin Sports Med.», 2005, 24(3), pp. 525-40, viii; doi: 10.1016/j.csm.2005.05.002.

Chae, Y.-R., Lee, Y.R., Kim, Y.-S. e Park, H.-Y., *Diet-Induced Gut Dysbiosis and Leaky Gut Syndrome*, in «J Microbiol Biotechnol.», 2024, 34(4), pp. 747-56; doi: 10.4014/jmb.2312.12031.

Chaput, J.P., Klingenberg, L., Rosenkilde, M. et al., *Physical Activity Plays an Important Role in Body Weight Regulation*, in «J Obes.», 2011, 2011, p. 360257; doi: 10.1155/2011/360257.

Chin, S.H., Kahathuduwa, C.N. e Binks, M., *Physical Activity and Obesity: What we know and what we need to know*, in «Obes Rev.», 2016, 17(12), pp. 1226-44; doi: 10.1111/obr.12460.

Cinti, S., *The Endocrine Adipose Organ*, in «Rev Endocr Metab Disord.», 2022, 23(1), pp. 1-4; doi: 10.1007/s11154-022-09709-w.

Cohen, L.J., Cho, J.H., Gevers, D. e Chu, H., *Genetic Factors and the Intestinal Microbiome Guide Development of Microbe-Based Therapies for Inflammatory Bowel Diseases*, in «Gastroenterology», 2019, 156(8), pp. 2174-89; doi: org/10.1053/j.gastro.2019.03.017.

Corriero, A., Gadaleta, R.M., Puntillo, F. et al., *The Central Role of The Gut in Intensive Care*, in «Crit Care.», 2022, 26(1), p. 379; doi: 10.1186/s13054-022-04259-8.

Crudele, L., Piccinin, E. e Moschetta, A., *Visceral Adiposity and*

Cancer: Role in pathogenesis and prognosis, in «Nutrients», 2021, 13, p. 2101; doi.org/10.3390/nu13062101.

Cryan, J.F. e Dinan, T.G., *Mind-altering Microorganisms: The impact of the gut microbiota on brain and behaviour*, in «Nat Rev Neurosci.», 2012, 13(10), pp. 701-12; doi: 10.1038/nrn3346.

D'Silva, A., MacQueen, G., Nasser, Y. et al., *Yoga as a Therapy for Irritable Bowel Syndrome*, in «Dig Dis Sci.», 2020, 65(9), pp. 2503-14; doi: 10.1007/s10620-019-05989-6.

Davani-Davari, D., Negahdaripour, M., Karimzadeh, I. et al., *Prebiotics: Definition, Types, Sources, Mechanisms, and Clinical Applications*, in «Foods», 2019, 8(3), p. 92; doi: 10.3390/foods8030092.

De Oliveira, E.P. e Burini, R.C., *The Impact of Physical Exercise on The Gastrointestinal Tract*, in «Curr Opin Clin Nutr Metab Care.», 2009, 12(5), pp. 533-8; doi: 10.1097/MCO.0b013e32832e6776.

Di Liegro, C.M., Schiera, G., Proia, P. e Di Liegro, I., *Physical Activity and Brain Health*, in «Genes (Basel).», 2019, 10(9), p. 720; doi: 10.3390/genes10090720.

El Amrousy, D., Elashry, H., Salamah, A. et al., *Adherence to the Mediterranean Diet Improved Clinical Scores and Inflammatory Markers in Children with Active Inflammatory Bowel Disease: A randomized trial*, in «J Inflamm Res.», 2022, 15, pp. 2075-86; doi: 10.2147/JIR.S349502.

European Association for the Study of the Liver (EASL); European Association for the Study of Diabetes (EASD); European Association for the Study of Obesity (EASO). *EASL-EASD-EASO Clinical Practice Guidelines on the Management of Metabolic Dysfunction-Associated Steatotic Liver Disease (MASLD)*, in «Obes Facts.», 2024, 17(4), pp. 374-444; doi: 10.1159/000539371. Erratum in: «Obes Facts.», 2024. 17(6), p. 658; doi: 10.1159/000541386.

Everard, A., Belzer, C., Geurts, L. et al., *Cross-talk between* Akkermansia muciniphila *and Intestinal Epithelium Controls Diet-induced Obesity*, in «Proc Natl Acad Sci USA.», 2013, 110(22), pp. 9066-71; doi: 10.1073/pnas.1219451110.

Fanti, M., Mishra, A., Longo, V.D. e Brandhorst, S., *Time-Restricted Eating, Intermittent Fasting, and Fasting-Mimicking Diets in Weight Loss*, in «Curr Obes Rep.», 2021, 10(2), pp. 70-80.

Ferguson, T., Olds, T., Curtis, R. et al., *Effectiveness of Wearable*

Activity Trackers to Increase Physical Activity and Improve Health: A systematic review of systematic reviews and meta-analyses, in «Lancet Digit Health.», 2022, 4(8), pp. e615-e626; doi: 10.1016/S2589-7500(22)00111-X.

Florio, M., Crudele, L., Moschetta, A. e Gadaleta, R.M., *Discovering the Nutrition-Microbiota Interplay in Inflammatory Bowel Disease: Are we there yet?*, in Federici, M. e Menghini, R. (a cura di), *Gut Microbiome, Microbial Metabolites and Cardiometabolic Risk*, Cham, Springer, 2024, https://doi.org/10.1007/978-3-031-35064-1_14.

Gevers, D., Knight, R., Petrosino, J.F. et al., *The Human Microbiome Project: a community resource for the healthy human microbiome*, in «PLoS Biol.», 2012, 10(8), p. e1001377; doi: 10.1371/journal.pbio.1001377.

Gibson, G.R., Hutkins, R., Sanders, M.E. et al., *Expert Consensus Document: The International Scientific Association for Probiotics and Prebiotics (ISAPP) consensus statement on the definition and scope of prebiotics*, in «Nat Rev Gastroenterol Hepatol.», 2017, 14(8), pp. 491-502; doi: 10.1038/nrgastro.2017.75.

Gibson, G.R. e Roberfroid, M.B., *Dietary Modulation of the Human Colonic Microbiota: Introducing the concept of prebiotics*, in «J Nutr.», 1995, 125(6), pp. 1401-12; doi: 10.1093/jn/125.6.1401.

Gill, S.R., Pop, M., Deboy, R.T. et al., *Metagenomic Analysis of the Human Distal Gut Microbiome*, in «Science», 2006, 312(5778), pp. 1355-9; doi: 10.1126/science.1124234.

Gurunathan, S., Thangaraj, P. e Kim, J-H., *Postbiotics: Functional Food Materials and Therapeutic Agents for Cancer, Diabetes, and Inflammatory Diseases*, in «Foods», 2023; doi: 10.3390/foods13010089.

He, W., Lam, T.K., Obici, S. e Rossetti, L., *Molecular Disruption of Hypothalamic Nutrient Sensing Induces Obesity*, in «Nat Neurosci.», 2006, 9(2), pp. 227-33; doi: 10.1038/nn1626.

Hill, C., Guarner, F., Reid, G. et al., *The International Scientific Association for Probiotics and Prebiotics Consensus Statement on the Scope and Appropriate Use of the Term Probiotic*, in «Nat Rev Gastroenterol Hepatol.», 2014, 11, pp. 506-14; doi: 10.1038/nrgastro.2014.66.

Horton, J.D., Bashmakov, Y., Shimomura, I. e Shimano, H., *Regu-*

lation of Sterol Regulatory Element Binding Proteins in Livers of Fasted and Refed Mice, in «Proc Natl Acad Sci USA.», 1998, 95(11), pp. 5987-92; doi: 10.1073/pnas.95.11.5987.

Hoyles, L., Fernández-Real, J.M., Federici, M. et al., *Publisher Correction: Molecular Phenomics and Metagenomics of Hepatic Steatosis in Non-Diabetic Obese Women*, in «Nat Med.», 2018, 24(10), p. 1628; doi: 10.1038/s41591-018-0169-5. Erratum for: «Nat Med.», 2018, 24(7), pp. 1070-80; doi: 10.1038/s41591-018-0061-3.

Jian, C., Silvestre, M.P., Middleton, D. et al., *Gut Microbiota Predicts Body Fat Change Following a Low-Energy Diet: A PREVIEW intervention study*, in «Genome Med.», 2022, 14(1), p. 54; doi: 10.1186/s13073-022-01053-7.

Jumpertz, R., Le, D.S., Turnbaugh, P.J. et al., *Energy-balance Studies Reveal Associations between Gut Microbes, Caloric Load, and Nutrient Absorption in Humans*, in «Am J Clin Nutr.», 2011, 94(1), pp. 58-65; doi: 10.3945/ajcn.110.010132.

Kalantar-Zadeh, K., Berean, K.J., Burgell, R.E., Muir, J.G. e Gibson, P.R., *Intestinal Gases: Influence on gut disorders and the role of dietary manipulations*, in «Nat Rev Gastroenterol Hepatol.», 2019, 16(12), pp. 733-47; doi: 10.1038/s41575-019-0193-z.

Ke, S., Guimond, A.J., Tworoger, S.S. et al., *Gut Feelings: Associations of emotions and emotion regulation with the gut microbiome in women*, in «Psychol Med.», 2023, 53(15), pp. 7151-60; doi: 10.1017/S0033291723000612.

Keys, A., Brožek, J., Henschel, A., Mickelsen, O. e Longstreet Taylor, H., *The Biology of Human Starvation*, Minneapolis, University of Minnesota Press, 1950, vol. I, pp. XXXII e 761, vol. II, pp. VIII e 765-1386.

Khan, M.Z., Lyu, R., McMichael, J. e Gabbard, S., *Chronic Intestinal Pseudo-Obstruction Is Associated with Intestinal Methanogen Overgrowth*, in «Dig Dis Sci.», 2022, 67(10), pp. 4834-40 ; doi: 10.1007/s10620-021-07343-1.

Kinashi, Y. e Hase, K., *Partners in Leaky Gut Syndrome: Intestinal dysbiosis and autoimmunity*, in «Front Immunol.», 2021, 12, p. 673708; doi: 10.3389/fimmu.2021.673708.

Kirchengast, S., *Physical Inactivity from the Viewpoint of Evolutio-*

nary Medicine, in «Sports», 2014, 2(2), pp. 34-50; doi: 10.3390/sports2020034.

Kudchadkar, G., Akinsiku, O., Hefner, M. et al., *Shedding the Weight of Exercise for Obesity Management*, in «Int J Obes (Lond).», 2024, 48(10), pp. 1357-8; doi: 10.1038/s41366-024-01527-1.

Lacy, B.E., Gabbard, S.L. e Crowell, M.D., *Pathophysiology, Evaluation, and Treatment of Bloating: Hope, hype, or hot air?*, in «Gastroenterology & Hepatology (NY)», 2011, 7(11), pp. 729-39.

Lee, M. e Chang, E.B., *Inflammatory Bowel Diseases (IBD) and the Microbiome: Searching the crime scene for clues*, in «Gastroenterology», 2021, 160(2), pp. 524-37, https://doi.org/10.1053/j.gastro.2020.09.056.

Ley, R.E., Bäckhed, F., Turnbaugh, P. et al., *Obesity Alters Gut Microbial Ecology*, in «Proc Natl Acad Sci USA.», 2005, 102(31), pp. 11070-5; doi: 10.1073/pnas.0504978102.

Ligon, B.L., *Penicillin: Its discovery and early development*, in «Semin Pediatr Infect Dis.», 2004, 15(1), pp. 52-7; doi: 10.1053/j.spid.2004.02.001.

Liu, F., Li, P., Chen, M. et al., *Fructooligosaccharide (FOS) and Galactooligosaccharide (GOS) Increase Bifidobacterium but Reduce Butyrate Producing Bacteria with Adverse Glycemic Metabolism in Healthy Young Population*, in «Sci Rep.», 2017, 7, p. 11789; doi: 10.1038/s41598-017-10722-2.

Magne, F., Gotteland, M., Gauthier, L. et al., *The Firmicutes/Bacteroidetes Ratio: A relevant marker of gut dysbiosis in obese patients?*, in «Nutrients», 2020, 12(5), p. 1474; doi: 10.3390/nu12051474.

Maguire, M. e Maguire, G., *Gut Dysbiosis, Leaky Gut, and Intestinal Epithelial Proliferation in Neurological Disorders: Towards the development of a new therapeutic using amino acids, prebiotics, probiotics, and postbiotics*, in «Rev Neurosci.», 2019, 30(2), pp. 179-201; doi: 10.1515/revneuro-2018-0024.

Major, G. et al., *Colon Hypersensitivity to Distension, Rather Than Excessive Gas Production, Produces Carbohydrate-Related Symptoms in Individuals with Irritable Bowel Syndrome*, in «Gastroenterology», 2017, 152(1), pp. 124-133.e2; doi: 10.1053/j.gastro.2016.09.062.

Manichanh, C. et al., *Anal Gas Evacuation and Colonic Microbio-*

ta in Patients with Flatulence: Effect of diet, in «Gut.», 2014, 63, pp. 401-8; doi: 10.1136/gutjnl-2012-303013.

Martin, D., *Physical Activity Benefits and Risks on the Gastrointestinal System*, in «South Med J.», 2011, 104(12), pp. 831-7; doi: 10.1097/SMJ.0b013e318236c263.

Mayer, E.A., *Gut Feelings: The emerging biology of gut-brain communication*, in «Nat Rev Neurosci.», 2011, 12(8), pp. 453-66; doi: 10.1038/nrn3071.

McGaugh, E. e Barthel, B., *A Review of Ketogenic Diet and Lifestyle*, in «Mo Med.», 2022, 119(1), pp. 84-8.

Modesto, A. et al., *Meta-Analysis of the Composition of Human Intestinal Gases*, in «Dig Dis Sci.», 2022, 67(8), pp. 3842-59; doi: 10.1007/s10620-021-07254-1.

Naseri, M., Babaeian, M., Ghaffari, F. et al., *Bloating: Avicenna's Perspective and Modern Medicine*, in «J Evid Based Complementary Altern Med.» 2016, 21(2), pp. 154-9.

Norbert, S., *Causes, Consequences, and Treatment of Metabolically Unhealthy Fat Distribution*, in «The Lancet Diabetes & Endocrinology», 2020, 8(7), pp. 616-27.

Oppert, J.M., Ciangura, C. e Bellicha, A., *Health-enhancing Physical Activity in Obesity Management: The need to (seriously) go beyond weight loss*, in «Int J Obes (Lond).», 2024; doi: 10.1038/s41366-024-01632-1

Ott, B., Skurk, T., Hastreiter, L. et al., *Effect of Caloric Restriction on Gut Permeability, Inflammation Markers, and Fecal Microbiota in Obese Women*, in «Sci Rep.», 2017, 7(1), p. 11955; doi: 10.1038/s41598-017-12109-9.

Patel, N.V., *«Let Food Be Thy Medicine»: Diet and Supplements in Irritable Bowel Syndrome*, in «Clin Exp Gastroenterol.», 2021, 14, pp. 377-84.

Pessarelli, T., Sorge, A., Elli, L. e Costantino, A., *The Low-FODMAP Diet and the Gluten-Free Diet in the Management of Functional Abdominal Bloating and Distension*, in «Front Nutr.», 2022, 9, p. 1007716.

Petruzzelli, M. e Moschetta, A., *Intestinal Ecology in the Metabolic Syndrome*, in «Cell Metab.», 2010, 11(5), pp. 345-6; doi: 10.1016/j.cmet.2010.04.012.

Reddel, S., Putignani, L. e Del Chierico, F., *The Impact of Low-*FODMAPs*, Gluten-Free, and Ketogenic Diets on Gut Microbiota Modulation in Pathological Conditions*, in «Nutrients», 2019, 11(2), p. 373.

Rinninella, E., Raoul, P., Cintoni, M. et al., *What is the Healthy Gut Microbiota Composition? A Changing Ecosystem across Age, Environment, Diet, and Diseases*, in «Microorganisms», 2019, 7(1), p. 14; doi: 10.3390/microorganisms7010014.

Ross, R., Neeland, I.J., Yamashita, S. et al., *Waist Circumference as a Vital Sign in Clinical Practice: a Consensus Statement from the IAS and ICCR Working Group on Visceral Obesity*, in «Nat Rev Endocrinol.», 2020, 16(3), pp. 177-89; doi: 10.1038/s41574-019-0310-7.

Royes, L.F.F., *Cross-talk between Gut and Brain Elicited by Physical Exercise*, in «Biochim Biophys Acta Mol Basis Dis.», 2020, 1866(10), p. 165877; doi: 10.1016/j.bbadis.2020.165877.

Salminen, S., Collado, M.C., Endo, A. et al., *The International Scientific Association of Probiotics and Prebiotics (ISAPP) Consensus Statement on the Definition and Scope of Postbiotics*, in «Nat Rev Gastroenterol Hepatol.», 2021, 18(9), pp. 649-67; doi: 10.1038/s41575-021-00440-6.

Salvioli, B., Serra, J., Azpiroz, F. et al., *Origin of Gas Retention and Symptoms in Patients with Bloating*, in «Gastroenterology», 2005, 128(3), pp. 574-9; doi: 10.1053/j.gastro.2004.12.047.

Sanders, M.E., Merenstein, D.J., Reid, G., Gibson, G.R. e Rastall, R.A., *Probiotics and Prebiotics in Intestinal Health and Disease: From biology to the clinic*, in «Nat Rev Gastroenterol Hepatol.», 2019, 16(10), pp. 605-16; doi: 10.1038/s41575-019-0173-3.

Sekirov, I., Russell, S.L., Antunes, L.C.M. e Finlay, B.B., *Gut Microbiota in Health and Disease*, in «Physiol Rev.», 2010, 90(3), pp. 859-904; doi: 10.1152/physrev.00045.2009.

Serra, J., Azpiroz, F. e Malagelada, J.R., *Impaired Transit and Tolerance of Intestinal Gas in the Irritable Bowel Syndrome*, in «Gut», 2001, 48(1), pp. 14-9; doi: 10.1136/gut.48.1.14.

Serra, J., *Intestinal Gas: Has diet anything to do in the absence of a demonstrable malabsorption state?*, in «Curr Opin Clin Nutr Metab Care.», 2012, 15(5), pp. 489-93.

Serra, J., *Management of Bloating*, in «Neurogastroenterol Motil.», 2022, 34(3), p. e14333; doi: 10.1111/nmo.14333.

Simon, J.-C., Marchesi, J.R., Mougel, C. e Selosse, M.-A., *Host-Microbiota Interactions: From holobiont theory to analysis*, in «Microbiome», 2019, 7(1), p. 5; doi: 10.1186/s40168-019-0619-4.

Singhal, R. e Shah, Y.M., *Oxygen Battle in the Gut: Hypoxia and hypoxia-inducible factors in metabolic and inflammatory responses in the intestine*, in «J Biol Chem.», 2020, 295(30), pp. 10493-505; doi: 10.1074/jbc.REV120.011188.

Smits, L.P., Bouter, K.E., De Vos, W.M., Borody, T.J. e Nieuwdorp, M., *Therapeutic Potential of Fecal Microbiota Transplantation*, in «Gastroenterology», 2013, 145(5), pp. 946-53; doi: 10.1053/j.gastro.2013.08.058.

Song, B.K., Han, D., Brellenthin, A.G. e Kim, Y.S., *Effects of Core Strengthening Exercise on Colon Transit Time in Young Adult Women*, in «J Exerc Sci Fit.», 2021, 19(3), pp. 158-65; doi: 10.1016/j.jesf.2021.02.001.

Spase, S., Berlec, A. e Štrukelj, B., *The Influence of Probiotics on the Firmicutes/Bacteroidetes Ratio in the Treatment of Obesity and Inflammatory Bowel Disease*, in «Microorganisms», 2020, 8(11), p. 1715; doi: 10.3390/microorganisms8111715.

Stiegler, P. e Cunliffe, A., *The Role of Diet and Exercise for the Maintenance of Fat-Free Mass and Resting Metabolic Rate During Weight Loss*, in «Sports Med.», 2006, 36(3), pp. 239-62; doi: 10.2165/00007256-200636030-00005.

Strasser, B., *Physical Activity in Obesity and Metabolic Syndrome*, in «Ann N Y Acad Sci.», 2013, 1281(1), pp. 141-59; doi: 10.1111/j.1749-6632.2012.06785.x.

Sullivan, A.N. e Lachman, M.E., *Behavior Change with Fitness Technology in Sedentary Adults: A review of the evidence for increasing physical activity*, in «Front Public Health.», 2017, 4, p. 289; doi: 10.3389/fpubh.2016.00289.

Sumithran, P., Prendergast, L.A., Delbridge, E. et al., *Long-term Persistence of Hormonal Adaptations to Weight Loss*, in «N Engl J Med.», 2011, 365(17), pp. 1597-604; doi: 10.1056/NEJMoa1105816.

Swift, D.L., Johannsen, N.M., Lavie, C.J., Earnest, C.P. e Church, T.S., *The Role of Exercise and Physical Activity in Weight Loss and Maintenance*, in «Prog Cardiovasc Dis.», 2014, 56(4), pp. 441-7; doi: 10.1016/j.pcad.2013.09.012.

Teofani, A., Marafini, I., Laudisi, F. et al., *Intestinal Taxa Abundance and Diversity in Inflammatory Bowel Disease Patients: An analysis including covariates and confounders*, in «Nutrients», 2022, 14(2), p. 260; https://doi.org/10.3390/nu14020260.

Thaiss, C.A., Itav, S., Rothschild, D. et al., *Persistent Microbiome Alterations Modulate the Rate of Post-Dieting Weight Regain*, in «Nature», 2016, 540(7634), pp. 544-51; doi: 10.1038/nature20796.

Turnbaugh, P.J., Ley, R.E., Mahowald, M.A. et al., *An Obesity-associated Gut Microbiome with Increased Capacity for Energy Harvest*, in «Nature», 2006, 444(7122), pp. 1027-31; doi: 10.1038/nature05414.

Vaughn, B.P., Fischer, M., Kelly, C.R. et al., *Effectiveness and Safety of Colonic and Capsule Fecal Microbiota Transplantation for Recurrent Clostridioides Difficile Infection*, in «Clin Gastroenterol Hepatol.», 2023, 21(5), pp. 1330-1337.e2; doi: 10.1016/j.cgh.2022.09.008.

Verbeure, W., Van Goor, H., Mori, H. et al., *The Role of Gasotransmitters in Gut Peptide Actions*, in «Front Pharmacol.», 2021, 12, p. 720703; doi: 10.3389/fphar.2021.720703.

Vinderola, G., Sanders, M.E. e Salminen, S., *The Concept of Postbiotics*, in «Foods», 2022, 11(8), p. 1077; doi: 10.3390/foods11081077.

Wang, C.C., Li, K., Choudhury, A. e Gaylord, S., *Trends in Yoga, Tai Chi, and Qigong Use Among US Adults, 2002-2017*, in «Am J Public Health.», 2019, 109(5), pp. 755-61; doi: 10.2105/AJPH.2019.304998.

Weiss, G.A. e Hennet, T., *Mechanisms and Consequences of Intestinal Dysbiosis*, in «Cell Mol Life Sci.», 2017, 74(16), pp. 2959-77; doi: 10.1007/s00018-017-2509-x.

World Health Organization, *WHO Guidelines on Physical Activity and Sedentary Behaviour*, Ginevra, 2020.

Yin, P., Yi, S., Du, T. et al., *Dynamic Response of Different Types of Gut Microbiota to Fructooligosaccharides and Inulin*, in «Food Funct.», 2024, 15(3), pp. 1402-16; doi: 10.1039/d3fo04855a.

Zamani, M., Alizadeh-Tabari, S. e Zamani V., *Systematic Review with Meta-analysis: The prevalence of anxiety and depression in patients with irritable bowel syndrome*, in «Aliment Pharmacol Ther.», 2019, 50(2), pp. 132-43; doi: 10.1111/apt.15325.

Zhong, W., Wang, H., Yang, Y. et al., *High-protein Diet Prevents Fat*

Mass Increase after Dieting by Counteracting Lactobacillus-Enhanced Lipid Absorption, in «Nat Metab.», 2022, 4(12), pp. 1713-31; doi: 10.1038/s42255-022-00687-6.

Zhou, L. e Foster, J.A., *Psychobiotics and the Gut-Brain Axis: In the pursuit of happiness*, in «Neuropsychiatr Dis Treat.», 2015, 11, pp. 715-23; doi: 10.2147/NDT.S61997.

Żółkiewicz, J., Marzec, A., Ruszczyński, M. e Feleszko, W., *Postbiotics: A Step Beyond Pre- and Probiotics*, in «Nutrients», 2020, 12(8), p. 2189; doi: 10.3390/nu12082189.

Ringraziamenti

Ringrazio tutti i colleghi del mio gruppo di ricerca che mi hanno accompagnato in questo viaggio: Maria Arconzo, Marica Cariello, Lucilla Crudele, Silvia Cultrera, Carlo De Matteis, Ersilia Di Buduo, Marilina Florio, Raffaella Gadaleta, Roberta Ledonne, Fabio Novielli, Emanuela Pasculli, Stefano Petruzzelli, Elena Piccinin, Domenico Saracino, Angela Fulvia Tricase.

Certificato PEFC
Questo prodotto è realizzato con materia prima da foreste gestite in maniera sostenibile e da fonti controllate
PEFC
PEFC/18-32-03
www.pefc.it

Mondadori Libri S.p.A.

Questo volume è stato stampato
su carta HOLMEN
con fibra vergine proveniente da foreste sostenibili holmen.com/paper
presso ELCOGRAF S.p.A.
Stabilimento - Cles (TN)

Stampato in Italia - Printed in Italy